冯骥才精读系列

传奇小说

丛书策划～李世跃

冯骥才～著

文化艺术出版社

图书在版编目（CIP）数据

传奇小说 / 冯骥才著. —北京：文化艺术出版社，2014.11
ISBN 978-7-5039-5892-2

Ⅰ.①传… Ⅱ.①冯… Ⅲ.①短篇小说—小说集—中国—当代 Ⅳ.①I247.7

中国版本图书馆CIP数据核字（2014）第245567号

传奇小说

著　　者	冯骥才
责任编辑	董　耘
装帧设计	顾　紫
出版发行	文化藝術出版社
地　　址	北京市东城区东四八条52号（100700）
网　　址	www.whyscbs.com
电子邮箱	whysbooks@263.net
电　　话	（010）84057666（总编室）　84057667（办公室） 　　　　84057691—84057699（发行部）
传　　真	（010）84057660（总编室）　84057670（办公室） 　　　　84057690（发行部）
经　　销	新华书店
印　　刷	国英印务有限公司
版　　次	2015年1月第1版
印　　次	2015年1月第1次印刷
开　　本	787毫米×1092毫米　1/32
印　　张	7.875
字　　数	125千字
书　　号	ISBN 978-7-5039-5892-2
定　　价	29.80元

版权所有，侵权必究。印装错误，随时调换。

关于读本

冯骥才

作品多了,再出版就会出选本。

虽然选本都是摘精选优,但选家不同,选目也就不一。选本有各式各样:有的是某位名家或学人选的,这便是通常所见的各种选本;有的是作家自己选的,此称自选本;再一种是出版家选的,叫作读本更适宜。

所有选本都是对读者的一种推荐,但角度各有不同。

名家学人的选本往往出于个人的文学观与偏好,同时又表现出选家的眼光、判断力与审美水准;作家的自选本应是一种自我的评介,自选本的选目肯定与众不同,因为每个人心中的自己决不同于别人眼中的自己;至于出版家的选本,都是站在读者的需求上选的,是为读者"量身定制"、专供读者阅读的,所以称之为"读本"比较恰当。

然而,读者是一代一代的。每一个时代的读者都有自己的关注点、兴趣、向往和时尚。上一代读者的阅读热点决不会是下一代的热点。出版家是依照这一代读者的口胃来选的,但它能不能为当今的读者所接受所喜欢,还要看被选的作品有没有跨时空的阅读价值。我知道,如果作品下一代不读,就意味作品生命的完结。

为此,在本书出版之际,我遂诚惶诚恐,心无根底,又束手无策,只有静候读者的评判。

是为记。

2014.冬日小雪

目 录

炮打双灯 \ 1

神　鞭 \ 29

鹰　拳 \ 144

奇人管万斤 \ 161

刷子李 \ 185

冯五爷 \ 189

苏七块 \ 194

酒　婆 \ 197

背头杨 \ 201

张大力 \ 204

好嘴杨巴 \ 207

泥人张 \ 211

小杨月楼义结李金鏊 \ 214

认　牙 \ 220

绝　盗 \ 223

小达子 \ 227

青云楼主 \ 230

蔡二少爷 \ 233

大　回 \ 237

/ 炮打双灯 /

一

都说静海县西南那边,地里不是土,全是火药面子。把那干结在地皮上白花花的火硝刮下来,掺上硫黄木炭,就是炸药。再加上盐碱,土里的火性太大、太强、太壮,庄稼不生,野草长不到三寸就枯死;逢到大旱时节,烈日暴晒,大开洼地无缘无故自个儿会冒起黑烟来……可有一种灌木状丛生的碱蓬,俗称红柳,却成片成片硬活下来,有时候不知为什么,一下子全死了,死时变得通红通红,像一团团热辣辣的火苗。在夕照里望去,静静的,亮亮的,好像地里的火药全都狂烧起来。老百姓靠山吃山,靠水吃水,靠火药吃火药,自来不少村子,家家户户都是制造鞭炮烟花的小作坊,屋里院里总放着一点就炸的火药盆子,一不留神就屋顶上天、血肉横飞;土匪、游勇、杂牌军常窜到这里来,不抢粮食,专抢火药,弄不对劲儿就药炸人亡。那么此地人的性子又是怎样？是急是缓是韧是烈？拿人们常用的话说便是：点着一根药信子瞧瞧。

牛宝，人称"卖缸鱼的牛宝"，今年二十三，陈官屯人。他祖宗神道，名字起得像算命一般准，"牛宝"二字就是他的一切。先说牛，他浑身牛一般壮实的肉，一双总睁得圆圆、似乎眨也不眨的牛眼，还有股牛劲，牛脾气，头上没角却好顶牛，舌头比牛舌还硬，不会巧说话；再说宝，他天生一双宝手，虽长得短粗厚硬，手掌像肉饼子，却从杨柳青外婆家学来一手好画，专画大年贴在水缸上求福求贵的缸鱼：一条肥鲤扬头摆尾，配上莲蓬荷花，连年有余呀！那红鱼绿水，金莲粉荷，一看照眼，图样出得富态，版线刻得活泛，颜色上得亮堂，画缸鱼的人多得是，可这喜庆兴旺的劲儿谁也学不来。年年腊月大集上，不少人专等着"卖缸鱼"的牛宝来。一露面，全出手，腊月里攒的钱，够一年四季零花。真像是手里捏个宝，想什么变什么。

腊月十四这天，静海县城的大集已经很有年味了。牛宝肩扛三百张缸鱼到集上，找一块人流往返的地界儿，站不多时候，卖个干净，别无他事，便轻轻爽爽去往顶西边的炮市看热闹。

这里的炮市，天下少有。原本是条河，年年秋后河水干涸，三九天河泥冻硬，这河床便成了卖鞭炮的集市。牛宝最爱看这阵势，远近各村赶来一车车鞭炮，都停在两岸河堤上，车上鞭炮用大红棉被蒙盖严实，怕引上火。牲口的眼睛一律使红布遮住，耳朵使红布堵上，怕给炮声吓惊。为什么使红色的布？造鞭炮的都是铤而走险，灾祸四伏，据说红色辟邪。人们拿着自家制造的鞭炮，走下堤坡，到河床上去放，相互争强斗胜，哪家的鞭炮出众，自然招引很多人来买。这一截子差不多二里长的河床里，浓烟裹眼，烟硝呛鼻，连天炮响震得耳朵生疼。这股子火爆凶猛的劲儿，叫牛宝看得快活，不觉下了堤坡，但还没到鞭炮阵的中央，满脑袋就全是鞭炮屑儿了。

把事情挑出头来的是这女人。这女人一下子跳进牛宝的眼睛里。怎么能说是这女人跳进他眼里？她还离着远呢！可世上好看的女子，都不是你瞧见的，而是她自己招灾惹事活灵灵跳到你眼里来的。她顶大二十出头，头上扎块大红布头巾，两鬓各耷拉下一片黑发，像是乌鸦的翅膀，把她那张有红有白鲜活透亮的小鼓脸儿夹在当中。她人在那么远，牛宝怎么能看得这般清楚？魂儿给勾了去呗！渐会儿，才看明白，北边堤坡一棵歪脖老柳树下，停着一辆驴车，她坐在蒙着大红棉被满满一车鞭炮上。倚车站着两个小子，一个大,一个小,各执一根放鞭用的长竹竿子,这两个小子什么模样,牛宝满没瞧见。

他像驾了云,双脚由得也由不得自己,幻幻糊糊一步步朝那女人走去。看这女人像看花,愈近愈好看,那眉眼五官,画也画不出这般美,而且清清楚楚,白处雪白,黑处乌黑,红处鲜红,像羊肠子汤那样又鲜又冲……忽然,一根竹竿横在他身前,牛宝怔住才看清,原来就是站在那女人车前的小子,年龄较大的一个,估摸十八九年岁,圆头圆脑,四方厚嘴,肥嘟嘟的嘴巴子冻得像唱戏打脸涂了胭脂,倒是虎虎实实样子,只可惜长了一双单眼皮。这圆头小子问道:"你是买炮的,还是卖炮的?"口气很不客气。

牛宝正要回话的当口,从这小子肩头刚好与那女人眼对眼,只觉得两个深幽幽、晃着天光的井眼对着自己,弄不好就要一头栽进去。心里一恍惚,说出的话便岔出道儿去。

"卖炮的,干啥?"

他哪卖过炮,为什么偏偏这样说?这话一错,可就把自己送上绝路了。

圆头小子说:"这边是俺们蔡家卖鞭炮的地界儿。你要来买炮,俺不拦你;你要卖炮,对不住!你先放一挂叫俺们瞧瞧,要是比俺们强,这地界儿就归你了。"说罢，嘴唇朝天撅，不信天下还有老大，也不信还有老二。

牛宝涌上来一股劲。说不清是叫这小子的傲气激的，还是叫那女人的美色挤的。反正他顶上牛。听完圆头小子的话，拨头就走，到那边炮市中央，在呛鼻震耳的浓烟烈炮中转了两圈，寻到一家卖鞭的，个大，贼响，掏钱买了四挂，都是千头大查鞭，还高价把人家放鞭使的大竹竿也买下来，返回到这圆头小子面前，闲话不会讲，剥开大红包纸，挑起一挂就放，一阵火闪烟腾，声如炸雷，噼噼啪啪连珠般响起来，真是好鞭！惹得不少人围上来并纷纷喝彩叫好。可这挂鞭放完，圆头小子站在原地并没动，嘴仍撅着，一脸不屑的神气。牛宝一瞅他绕在竿子上的一挂鞭，差点没笑出声来：这挂硬纸卷的小钢鞭，分外细小，像是豆芽菜，而自己的大查鞭却同小指头粗，摆在一起，只怕那小钢鞭像一堆耗子屎啦。想必是这圆头小子心虚不敢比试，故作高傲，再不端端架子还不倒下来？明摆着对方叫自己比趴下了！抬眼瞧那女人，愈发兴奋起来，把余下三挂大查鞭扎成一束，使竿子高高挑起，拿火一点，三挂齐响，声音翻番，成百上千小爆竹喷火刺烟，纷纷炸落下来，好似一阵恣肆的弹雨。牛宝不懂放鞭炮的门道，竿子举得过直，许多爆竹就落到他头上肩上手上,还有几个从领口掉进衣服,在前胸后背炸了,这一炸,尤其透过火光硝烟看见那女人正在笑他,立时撒起欢来,粗声吆喊,尖声欢叫,似唱非唱,腿又蹦,肩又摆,手中的竹竿子像是醉汉的腰,东摇西晃,甩得爆竹四下散落,逼得围观的人叫着笑着往后退,有人认出卖缸鱼的牛宝,不知他遇上喜还是撞上邪,跑到这里来瞎闹,耍活宝。

就在这时候,空中"啪"一声!清脆至极,像是清晨车把式将那带露水的鞭子,在凛冽的空气里麻利地一抖。

牛宝没弄明白这声音打哪儿来,跟着就听这鞭子在半空中"啪啪"抽打起来,愈打愈紧愈密,声音毫不粘连,每一响都异常清晰、干脆、刚烈,上下左右,响在何处都一清二楚。牛宝这才瞅见,原来是圆头小子把他那挂小钢鞭点响了。奇了!他这鞭怎么声声都像是钻到耳朵里炸,直要把耳膜炸裂?这炸声还把三挂大查鞭的响声从耳朵里赶了出来,赶到外边,变得像拍打棉袄或吹破猪尿泡的那种闷响,完全成了圆头小子那小钢鞭的陪衬了。真奇了!他豆芽菜似的小鞭,哪来如此大的炸劲儿?当两人竿子上的鞭炮全放净,对面站着,牛宝瞪大眼发傻,圆头小子指指地面,牛宝一瞅更是惊讶。圆头小子身周一片炸得粉粉碎的鞭炮屑儿，像是箩过，细如粉末，足见炸药的劲力；自己四周却有许多爆竹根本没炸开，到处是烧净了火药黑乎乎的纸筒子，围观的人给他起哄，喝倒彩，这算栽到家了。他抬头硬叫自己向歪脖柳树下边望去，那女人也在嘿嘿笑话他。这笑比任何人嘲弄挖苦都叫他难堪。他要是土行孙，当即就扎进地里。羞恼之下，把竹竿子一扔，朝圆头小子说：

"十八号大集，咱再到这儿见！"

"干啥等到十八，"圆头小子神气活现地说，"你要不服，带着好货去独流镇找俺们，那儿后天就是集！"

周围一片叫好，此地人就喜欢这种带劲的话。

二

转过两天，牛宝在独流镇的炮市上拉开阵势。

独流镇的炮市与静海县城不同。十来亩平平坦坦一块场子，四外围着泥坯垒的一道墙，多处坍塌，任人跨出跨进；地上光秃秃，只是戳着高高矮矮许多拴牲口的木桩，平时这是买卖牲口的地界儿。可一入腊月，卖花炮的渐渐挤进来，鞭炮一响，牲口吓走了，自然而然改做临时的炮市。

今儿牛宝好精神。一身崭新的棉袄棉裤，乌鞋净袜，脑袋一早洗过，此刻太阳一照，墨黑油亮。卖炮的人从没有这般打扮，烟熏火燎，鞭炸炮崩，衣衫多是旧破与煳洞。牛宝平时最不爱新衣，这样一身全新，架架楞楞，生生板板，像是相亲来的。他身边站着一个苍白消瘦的小子，带着病相，一双小眼倒是亮亮闪闪，十二分的精神。这人是他堂弟，名唤窦哥，专门折腾花炮的小贩。昨天牛宝请他买来一批上好鞭炮。窦哥既钻钱眼儿，也讲义气，买卖道上很有情面，这批鞭炮是他打沿儿庄"万家雷"家里买出来的。这"万家雷"不单名满静海，还在天津卫宫前大街和北平的厂甸设炮摊，挂字号，有几分名气。人说"万家雷"能开山打洞，装进大炮膛里当炮弹使。

牛宝连夜把鞭炮上凡有"万家雷"的戳记都扯下来，换上红纸，临时使块杜梨木刻条大鲤鱼盖上去。自打静海造炮千八百年来，还没见过这字号。转天满满装一小车，运到集上，车上车下摆得漂漂亮亮；大挂的万头雷子鞭，一包三尺多高，立在车上，像半扇猪，极是气派。牛宝和窦哥各拿一根大竹竿，足足两丈长，左右一站，好比守阵门的两员武将。

对面是圆头小子，手握长竿，挑一挂红纸大鞭，横刀立马站在前头。后边是装满鞭炮的驴车，那女人面雕泥塑般坐在车上。车前，除去那年龄小的小子，还多出一个黑瘦瘦的男子。他们腰上全扎一条辟邪用的红布腰带。炮市上的人看这阵势,知道要比炮,都围了上来。

窦哥一瞅对方,眼珠惊得差点没掉在地上,扭脸对牛宝低声说:

"牛宝哥,你咋跟他们斗上气儿了?人家是文安县蔡家啊!在天津卫'蔡家鞭'和'万家雷'齐名,前二年蔡家老大给火药炸死,蔡家人不大往咱静海这边来了,'蔡家鞭'也见不着了。哎,你瞧,坐在车上那俊俏人就是蔡家大媳妇,名叫春枝,方圆百里,打灯笼也难找着这么俊的人儿!可惜守了寡!这圆脑袋小子是蔡三,倚车站着的是蔡家老二和老四,都是放炮的好手。咱的炮再好,也放不过人家,更别说人家'蔡家鞭'了!"

牛宝听了,脑袋里只多了春枝,根本没有"蔡家鞭",还要多问,可不容他说话,圆头圆脑的蔡三已经将竹竿子使劲画起圈儿来,直把拴在竿尖上的那挂鞭甩成一条直线,在空中呜呜响。卖鞭的人都这么做,显示自己编炮使的麻绳结实不断。跟着,蔡三又变了手法,耍起花活,叫手中的竿子转起来,半圈紧,半圈松,一紧一松,有张有弛,那鞭就忽弯忽直,忽刚忽柔,蛇舞龙飞,十分好看,还没点炮,就引得人们叫好。随后,竹竿往地上"噔"地一戳,鞭炮垂下来,点着就炸,声音比上次那小钢鞭响几倍,震得周围一些拉车的牲口慌慌挪动身子和腿,受不住,要跑。

牛宝挑起一挂雷子鞭也点响,"万家雷"名不虚传,个个爆竹都像炸雷,带着一股烈性与豪气,只比蔡家的大鞭强,决不比蔡家弱,也招来一阵喝好。

两边就紧紧较上劲儿。

只见蔡三往右边一闪,小小蔡四从车子那儿走来,手提一挂巨型大鞭,每只都有黄瓜一般粗,总共十二只,像是提着一串长茄子,引得人们喊怪叫奇。蔡四身小,虽然斜向上举,最下边的一只大鞭依然嚓嚓蹭地。牛宝头次瞧见这般大的鞭。窦哥告诉他:"这叫'一步一响',走一步,炸一个,这是蔡家鞭的看家货,已经多年见不到,你一听就知道了。"他掏钱给了身边一个熟人,嘀咕些话,然后对牛宝说:"我叫人去买他几挂,有几挂这鞭当幌子,今年多赚一倍钱。"

蔡四走到场子中央,蔡三帮他点着药信子,大鞭炸天,响声像打炮,震得看热闹的人不单堵耳朵,还闭眼。小小蔡四却毫不为之所动,炮炸身边,浓烟蔽体,他却像提着笼子遛鸟,从容又清闲,叫人佩服蔡家人鞭炮这行真有功底。

蔡四稳稳当当走了十二步,一停,手里的大鞭刚好放完。一时不少人涌上来,争买大鞭。窦哥扬手大叫:"别急,还有更好的家伙哪!"他从车上抱下来一个天下少见的大雷子炮,立在地上,一尺多高,快要齐到膝盖,小胳膊粗,药信子像根麻绳,大红纸筒,上边盖的戳记是条墨线大鱼。

"娘哟!这不是炸城池子用的吧!"有人惊叫道。

"你瞧炮上那条鱼,挺像是牛宝的缸鱼,哎,那壮小子是牛宝吧,他咋改行卖起炮来了?"

人们议论着。

春枝在车上,仍旧像娘娘庙里的泥像,端坐不动,只是眼睫毛偶尔惊颤一下,那是听到人们议论时的反应,这反应却不为任何人发现。

牛宝拿香点着大雷子炮,轰地炸开,烟腾火起,声如天塌地陷,近前的人溅了一身黄土,没人叫,都呆了,像是出了大事。连牛宝都发蒙,一时竟不知发生什么意外。面皮生疼,是大炮炸开气浪拍打的。唯有蔡家人眼皮眨也没眨,但这一炸,却使春枝对眼前的事全然明了了。

随后两边各逞其能,蔡家人放炮似有用不尽的花样,可牛宝一招不会,新棉袄叫炮打煳了两大片,一只耳朵打红了,差点丢人现眼,多亏窦哥常年贩炮,见多识广,会使小伎俩,支应着局面,但要不是"万家雷"货真价实,东西地道,也早叫蔡家打趴下了。看来,真东西没亏吃,此亦万事之理。

蔡家老二放"二踢脚"的本事,叫人赞叹不已。他打开两把"二踢脚",一个个插在红布腰带上,站在场子中央,先照寻常手法放上天空。蔡家鞭好,炮一样是头等;这"二踢脚"飞得高,炸得脆,高空一炸,碎屑飞散,像是打中一只鸟,羽毛迸开,飘飘飞去。他这样一连放三个,便换了手法,把"二踢脚"倒拿手里,点着药信子,先叫下边一响在手上炸了,再用力抛上天空,炸上边一响。想叫它在哪儿炸就在哪儿炸。圆头圆脑的蔡三在两丈开外举起一挂鞭,蔡二看准,点着"二踢脚",炸掉一响后,把余下一响抛过去,正好在那挂鞭下端炸开,当即引着那鞭,噼噼啪啪响起来,更引得周围一个满堂彩。这蔡老二得好却不罢手,更演出一手绝活。他像刚才那样倒拿"二踢脚",炸掉下边一响后,却不抛出手,而是交给另一只手,抓住炸开的下半截,叫上边一响在另一只手上炸。两响不离手,一手一响,这招极是危险,换手慢了,就把手炸伤。但他黑瘦瘦紧绷绷的脸上老练而自信,动作从容又娴熟,好像玩一条鱼。

牛宝见对方压住自己,心里着急。

窦哥说:"在天津卫大街上摆炮摊,不叫你乱放

'二踢脚'，怕引着房子，崩着人，'二踢脚'就这样拿在手里，放给人看。蔡老大，就是那女人死了的爷们儿，还有手活儿更绝，他把大雷子夹在手指头缝里，一个指缝夹一个，两手总共夹八个，平举着，八个药信子先后点着，哪个快炸，松开哪个。叫雷子掉下来炸，可又不能碰地，碰地会弹起来崩着人。这火候拿不准，手指头就炸飞了。如今蔡老大一死，没人敢耍这手活了。哎，牛宝哥，你咋直眼了？"

牛宝听着这话，眼盯着春枝，脑袋里"轰"地涌出个念头，他对窦哥说：

"你给俺把大雷子夹在手指头缝里，俺试试。"

"你疯啦，这手活是拿空炮筒子练出来的，咋能使真的试？炸坏手，你使啥画缸鱼，俺不干！"窦哥说。

牛宝不理他，从车上取些大雷子，一个个夹在手指缝里，平举双臂，瞪大眼，用一种命令口气对窦哥说："点上！"

窦哥见事不好，想扔下香头跑掉。

谁知牛宝这么一来，蔡家哥仨如同中了枪弹，怔住。春枝脸色十分难看，像是闹心口疼；蔡三红着脸喊道："这小子当俺们蔡家没人，欺侮俺们嫂子，拼啦！"哥仨疯了似的冲过来。还有蔡家同乡和要好的也一齐拥上。

牛宝还没弄懂这缘故,就给蔡家人摁在地上,窦哥也被揪扯住。对方喊着要把雷子插进他们屁眼儿点上,窦哥吓得叫救命求饶,想解释,却不知牛宝与蔡家究竟有什么仇。牛宝给十来只大手死死摁着,摁得愈死,他犟劲愈大,用力一挣,脑袋刚抬起来,嘴巴反被压下来,在冻硬的地皮上蹭破,火辣辣地疼,蔡老三问他要干啥,他火在身体里撞,嘴更笨,索性大叫:

"俺想做你哥,俺想做蔡老大!"

这话叫在场的人全傻了!傻子也没有这么说话的。蔡家哥仨气得发狂,把他拉起来,用几十挂大鞭把他浑身上下缠起来,要炸他。牛宝使劲使得脖子脑门全是青筋,叫着:

"点火,点火呀!死活我是你哥啦!"

蔡三攥着一把香火,指着牛宝说:"你欺人太甚,俺豁出去吃官司,坐大牢,今儿也要把你点了,大伙闪开,我个人做事个人当——"说着就要冲上去点。

"慢着。"忽然响起一个清亮的声音。

牛宝瞧见春枝竟站在他身前,一手拦着蔡三,面朝自己。这张脸就是在杨柳青年画《美人图》上也找不着,可此刻满面愁容,两眼亮晃晃,厚厚包着泪水,像是委屈极了。在牛宝惊讶中,春枝说:"你不好好卖你的'缸鱼',弄来这些'万家雷'来闹啥?你要再来搅扰俺,俺就亲手点这鞭!"然后对蔡家哥仨说:"回家!"一扭身,一大片眼泪全甩在牛宝当胸上。牛宝觉得,像是一排枪子打在自己身上。

春枝和蔡家人去了,浑身缠着大鞭的牛宝,像那拴牲口的木桩,直呆呆戳在那儿。

三

如果牛宝不去沿儿庄,他和春枝这段纠缠也就此罢了。自己一时迷糊、冒傻、犯浑,把人家好好一个女人逼成那份可怜相。究竟春枝因何这般痛苦不堪,他琢磨不透。眼盯着溅在他棉衣上春枝的泪痕,后悔到头,不住地骂自己,最后把剩下的半车鞭炮堆在大开洼里点了,炸成火海雷天,惹得邻村人敲锣报警,以为谁家造炮,中了邪火,炸了窝。

转过两天,窦哥提着两瓶老白干、一包天津卫大德祥的鸡蛋糕来找他,要一同去沿儿庄谢谢人家姓万的,不管牛宝自己的事如何,人家"万家雷"真给使劲儿,那巨型的大雷子炮是万老爷子特意做的,真叫激动人心!这事关着窦哥生意道儿上的情面义气,牛宝便随窦哥来到沿儿庄。

沿儿庄人上至七老八十,下至童男童女,倘若不会造炮,非残即傻。尤其在这腊月里,家家院子的树杈上、衣竿上、屋檐下,都晾满整挂整挂沉甸甸的大鞭,好比秋后拿线穿成串儿、晒在屋外的大辣椒;墙头摆满捆成盘的雷子两响,像是码起来的大南瓜,极是好看。那些进村出村的大车装满花炮,蒙上大红棉被,在冰天雪地里更是惹眼。这腊月的鞭炮之乡虽然十二分地热闹,却听不到一声炮响。静得绝对,静得离奇,静得叫人揪心。

牛宝万万想不到,这位跟火药打了一辈子交道的万老爷子,竟然胆小如鼠。三九寒冬,屋里和屋外一般冷,炕不生火,灶不烧柴,茶碗里水全结成冰,唯有说话时从嘴里冒出点热气。牛宝和窦哥一进门,万老爷子就嘀咕他们身上有没有铁器、抽烟打火的家伙,鞋底钉没钉"橘子瓣儿"?还非叫他俩抬脚亮鞋底,看清楚才放心。窦哥假装不高兴地说:

"万老爷子每次都这么折腾我,下次我得光屁股来了。"

"别怪我疑神疑鬼。火是我们这行的灾。我不认字,我爹说灾字就是下边一个'火'字,上边三个火苗。所以俺们非到做饭时才生火,烟也不抽,家里除去做饭的锅,不准使一点铁器。那九十堡的'炮打灯'杨四,就是称火药时,秤砣掉在地上,迸出火星子,把一桶火药引炸,炸得杨四没有尸首,秤砣飞出半里多地。火这东西不知打哪来的,有时两家隔一道墙,这家点烟,火竟能穿墙过去,把那家屋里的鞭炮引着,火可邪啦……"万老爷子说到这儿,两眼发直,像是见到鬼,"哎,窦哥,你可小心点桌上那盆火药!"

待窦哥把"万家雷"前天在独流镇显威风的情景,一说一吹一捧,万老爷子才松开面皮,满脸直垂的皱纹也打弯了,龇开一嘴黄牙笑了。这儿井水盐碱也大,人牙焦黄。他神情得意地问道:

"俺那大活咋样?"

"还用说。生把土地炸个大坑,人说再炸就炸出个井来了。是不是这么说的,牛宝哥?"窦哥朝牛宝挤挤眼,叫他帮腔,哄万老爷子高兴。

牛宝嘴拙,找不着话说,只傻笑,点头。

万老爷子愈发得意,笑眯眯再问:

"你们跟谁家比炮?"

"俺们咋能拿您的'万家雷'去跟无名小辈比试,那不成请关老爷和小兵小卒比高低了?对手是文安县'蔡家鞭'蔡家,行吧?"

"噢?"万老爷子惊讶得很。他说,"蔡老大一死,都说蔡家关门不造炮,挂在天津卫的牌匾都摘了,怎么又出头露面,是不是假冒?"

"咋能假冒呢？蔡家四个大活人都在场呀！"

"咋四个？"

"蔡家老二、老三、老四，哥仨……"

"对呀，才三个，咋四个呢？"

"还有人家蔡老大的那俊媳妇春枝呢。春枝她——"窦哥说到春枝，看牛宝直了眼，便赶紧停住口。

"窦哥，你嘴动，胳膊别乱动，小心俺那火药盆子！"万老爷子叫道。然后叹口气说："春枝那孩子命够苦，三个跟她贴近的男人全给炸死了——她爹，她公公，她爷们儿！俺说她是火命！是火！是灾！"

牛宝听得惊异不已，他死也想听明白；窦哥完全清楚牛宝的心思，何况他自己也想知道这闻所未闻的事，便死乞白赖，东绕西套，终于从万老爷子肚里掏出下边的话：

"哎，窦哥，俺当你万事通呢，你咋不知春枝姓杨，她爹就是九十堡'炮打灯'杨四啊。还是大清时候，天津卫炮市上就有句话，是'蔡家鞭，万家雷，杨家的炮打灯'，这都是上两辈人创的牌子，到今儿全是百年老炮了。那时，因为杨家是本县人，跟俺们万家熟识，蔡家远在文安，相互只知其名罢了。到了俺们这辈，杨家跟蔡家认识了，很要好，两家给春枝和蔡老大定了娃娃亲。可春枝10岁就死了妈，跟她爹相依为命过日子。后来孩子们长大，该成亲了，蔡家老头子就去找杨四商量嫁娶的日子，杨四怕春枝走了，一个人受不住孤单，非要蔡老大倒插门。其实蔡家有四个儿子，少一个在身边怕啥？蔡家老头子偏不肯，谈崩了，都上了火气，蔡家老头子回家喝闷酒，一头醉倒，睡成烂泥巴，忘了热炕上还烤着几十挂受了潮的大鞭呢！一下烤过了劲儿，炮炸火起，怪的是四个大小伙子愣没打火里弄出他们爹，活活烧死。蔡家人恨死杨四，没人提那婚事。过两年，哎，就是俺刚头说过的——杨四同村人来找他借点火药，提着杆秤来称分量。造炮的人弄火药绝不准使铁器，勺用木勺，铲用木铲，他怎么忘了秤砣是铁疙瘩呢！秤杆一斜，秤砣砸在石头上，火星子迸进火药里，生把人炸得净光光，连根骨头也没找到，你们说奇不奇？好好一个人，像是变成一股烟，影都没留下，这是遭了啥罪？啥灾？杨家只剩下春枝孤孤单单一个闺女。那蔡老大来向她求婚，她不肯，不知因为她爹欠着蔡家一条命，还是怕一走，'炮打灯'杨家的根儿就此绝了？蔡老大打小跟春枝要好，知道这闺女的性子比火药还强，他竟造了一百个'炮打双灯'去到杨家门口放。意思是你杨家祖业给我蔡老大接过来了，绝断不了根脉。蔡老大是造炮好手，更是放炮好手,他把'炮打双灯'一个个立在手掌上托着放。凡是打上天的炮,头一响都得用'竖药',只往高处蹿,不往横处炸。顶多觉出点坐力来,决不会伤手。这又表示,他蔡老大已经把杨家的'炮打灯'学到家了。一百个放完,春枝流着泪出屋,二话没说,跟他去了文安……哎,窦哥,这些事你咋会不知道呢?"

"只只片片听见过,可各村各庄造花炮的年年出事,年年死人,哪会连成您这么长的故事!"窦哥说,"俺倒听人说过蔡老大的死,他是惹了大仙吧?"

"说是也是。春枝嫁到蔡家第二年,也是年根底下,她做了一盘'炮打灯',打算三十夜里自己放,祭祖呗!她剩下一捧炸药没处放,就使高丽纸包个包儿,塞到鸡窝后边夹缝里。这地方平时绝没人去碰,最保险,谁知夜里闹黄鼠狼钻进鸡窝后边夹缝里,这也奇了,它上房翻墙,跑哪儿去不成,偏扎到火药包上,蔡老大拿棍子一捅,嘿,正好,'轰'地生把蔡老大炸得人飞起来,撞在屋檐上,再摔下来,成了血人……唉,怎么这样巧,又都巧到春枝一个人身上?也是命呗!出殡那天,春枝把自己编了十天十夜的两挂大鞭,足有几十万头,挂在大门两边老树上,放起来足足响了整整一夜,直叫整个村的人听着听着,都听哭了……"

牛宝听到这里，忽地翻身趴在地上，给万老爷子叩头。万老爷子蒙了，忙弯腰搀扶，说道：

"俺哪句话伤着你了，快起来，快起来，告诉俺，俺赔不是！"

牛宝却不起身，脑门撞地，咚咚山响，然后抬起泪花花的脸说："您得教俺造'炮打灯'，您得教俺造'炮打灯'，您得教俺造'炮打灯'……"反反复复只这一句话。

万老爷子更糊涂了，窦哥心里却很明白，他害怕牛宝再去惹事，但牛宝犟上劲儿的事，愈拦愈坏，因此他非但没有劝阻，反也趴在地上给万老爷子叩头说：

"您成全俺哥哥吧！"

这句话像是在万老爷子脑袋里点盏灯。万老爷子先是惊讶，随后摇着头低声说：

"要说春枝是个好闺女，懂事明理，知情讲义，可惜她天生是火命，是灾祸！你去问问文安县的光棍，还有人敢娶她做老婆吗？听俺一句吧，老弟！你只要一沾她，灾祸就扑上身，快快绝了这念头！"

牛宝额头顶着地，一动不动，说话的声音便又闷又重："俺、俺死活要当蔡老大。"他不会再多说一句。

乡里人之间并不靠说，哼哼两声，谁都能知道谁的意思。万老爷子叹口长气，无奈地说道："都是命里有啊！好，都起来吧，俺教！"他屁股没离凳子，一转，旁边就是一头吊在房梁上的赶版。他使这赶版一下一个，赶出四五十个炮筒子交给牛宝。然后把桌上的火药盒子和几个料碗端过来说："一硝、二磺、三木炭，火药就这三样东西。你要想往天上打，少放磺，多放炭，这叫竖药；你要想往横处炸，多放磺，少放炭，这叫横药。'炮打灯'是把灯往天上送，下边一响必得用竖药。听明白了？硫黄好买，县城里铺子就卖，木炭你自己会烧？"

"俺画样子就拿木炭起稿。把柳树枝用泥封在洋铁罐里烧，行不？"牛宝说。

"这可不行！造炮的木炭不能使柳枝，只能用青麻秆。"

"麻秆倒有，可硝到哪儿去弄？"

"碱河边有得是，白花花一片片。人说文安任丘那边地上的硝更好，是火硝。"窦哥插嘴说。

"使那硝造炮，还不如放屁响。俺告你们个绝密。你们要是说给外人，俺就使炮炸了你们——"万老爷子凑过织满皱纹的老脸，表情神秘，压低嗓音说："你们就到俺家对面那茅厕后的墙上去刮。"

"那是尿硝啊！"窦哥说。

"谁说不是。这村里人身上全是硝，尿出来的尿烫手，结成的尿硝才有劲儿哪！我家的不行，人老了，没火力。对面崔家五个小子，个个像小牛，那硝面子才是好东西。"万老爷子说，"这硝弄回去，可不能直接使，先用锅熬，熬成水，泼在木炭上，晾干压成粉再掺硫黄。记着，一份硝炭，一份半硫黄。'炮打灯'使竖药，还得多放硝炭！"

"那打到天上的灯，咋做法？"牛宝问。

万老爷子说："这东西叫明子，你不会配，俺送你些吧。"他从身后拿出两个瓦坛子，里边装着黄豆大小、药丸似的东西，各拿出几十粒，分别使红绿纸包上。"这红纸包的，打到天上就是红灯，绿纸包的打到天上是绿灯。'炮打灯'有很多样儿，有一响一灯，有两响七灯，俗称'炮打七灯'，可灯色都是黄色的。唯有这'炮打双灯'，一红一绿，打到天上才好看哪！听俺爷爷说，大清时候，男的向女的求婚，就在人家房前放这炮。当年蔡老大在杨家房前放'炮打双灯'，多半就是这意思。"

牛宝"呼啦"一声又趴地上，给万老爷子连叩响头，像是遇到救命大恩人。他动作太猛，差点把桌上的火药盆子撞下来，幸亏窦哥眼疾手快抱住了。

待牛宝与窦哥千恩万谢告辞回去，万老爷子一人叹息、摇头，还狠狠砸了自己几拳，好像自己伤天害理,送人上西天了。

牛宝和窦哥出来就绕到对面茅厕后边。一看沿墙根白白的,果然都是尿硝,又厚又硬,使瓦片刮下来,晶莹闪亮。两人正刮得带劲,有个孩子喊:"有人偷硝了。"吓得他俩赶紧使帽头兜上硝面子慌张逃出村,再逃回家。

牛宝照万老爷子的法儿,买料、配料、装活,他平日里干活认真,可此时脑袋着魔了,总一闪一闪老年间求婚使的那一双双红灯绿灯,糊里糊涂弄不清硝炭同硫黄,该是哪多哪少,装了一半,便不敢再装。傍晚时候,窦哥来了,两人一说,窦哥笑道:

"你脑袋里净是那春枝啦,咋弄不清呢?'炮打灯'使竖药往天上打呗,多掺些木炭不就行了!"牛宝往药里又加些木炭。两人在房后空地上试了两个,真鼓捣成啦!一响过后,打炮筒里飞出两条亮线,一红一绿,直上天空,老高老高,跟着变成一红一绿两盏灯,极亮极艳,照得天都暗了。窦哥看去,这双灯不在天上,而是在牛宝眼里;那大眼眶子中间,绚烂五彩,烁烁逼人。可窦哥哪知,刚刚牛宝往火药里加木炭之前,已经装成的一些炮,配料正好弄反,竖药成横药!

四

静海县城逢四逢八是大集。今儿是腊月二十八，大年根儿，赶集是最后一遭儿，买卖东西的人便都翻几番，穿戴也鲜活多了；炮市上更是气势压人，河床上烟火连天，炸声如雷，像是开了战；两岸堤坡装鞭炮的车排得密不透风，好似千军万马列成长蛇阵。牛宝和窦哥手拿一包"炮打双灯"，蹲在一辆牛车后头，等候天晚人少。牛宝目光穿过大车轮子，一直死盯着春枝。她依旧在那歪脖柳树下，坐那驴车上，依旧黑衣服、白脸儿、红头巾，但她不像前两次木雕泥塑般纹丝不动，而是把俊俏小脸扭来扭去，东张西望，像是找什么。蔡家哥仨放鞭卖炮，忙前忙后，她却像没瞧见。

下晌后，炮市明显歇下劲来，停在堤上的大车走了许多，零零落落，不成阵势；河床中央的硝烟也见稀薄，看出一个个人来。日头西沉，景物、天空乃至空气全变暗，火光反显得分外明亮。渐渐剩下的人多是鞭炮贩子，吆喝喊叫加劲闹，无非想把压在手里的货甩出去。鞭炮这东西，压过腊月二十八，就得压上一年。地上炸碎的鞭炮屑儿，已经铺了厚厚一层，歪脖树下的蔡家人开始收摊子，也要返回去了，就在这时，牛宝带着窦哥突然出现在蔡家人面前。

春枝眼睛一亮，像是这才定住魂儿。

蔡家哥仨马上抄起家伙走上来。他们见牛宝立眉张目，嘴角紧张得直抖，有股子决然神气，以为并非比炮，只是要报复前仇，拼命来的。可牛宝不动手也不动嘴，他把厚厚的大手平着向前一伸，掌心朝上，中央摆着一个"炮打双灯"，大红炮筒，绿纸糊顶，还使黄纸盖个鲤鱼戳记粘贴中间，鲜艳漂亮，不是画画的牛宝，谁能把花炮打扮成这个样儿？蔡家哥仨一看，立即明白牛宝要干什么，气急眼红，竹竿子给抖动的臂膀震得哗哗响。他们回头看春枝，等待嫂子下令，他们就把这欺侮人到家的小子活活打死。只见春枝脸刷白，没一点血色，紧咬着嘴唇，两眼却像一对小火苗，闪闪冒光，叫蔡家哥仨不明白。

牛宝拿香头把立在手心的炮点着，一声响过，一对浓艳照眼的红绿双灯，腾空而起，他人也觉得随同升起，绚烂地呈现在幽蓝的晚空上。一个放过，窦哥就递上一个，一双双火弹连续不断打上天，美丽、响亮，又咄咄逼人。春枝抬头看，这双灯是她的过去——她最好的日子和最美的希望；而双灯一亮一灭，便是她坎坷多难的岁月经历，她入迷了。

突然，一声巨响，一个炮在牛宝手心爆炸，没往天上蹿,却往横处崩,手心登时裂开,血淌下来。窦哥急得忙把塞在牲口耳朵里的红布拉出来,要给牛宝缠手,一边叫着:"牛宝哥,别再放了。人家春枝不会跟你的……"

牛宝抢过红布一扬,朝窦哥喊道:"拿来,拿炮给俺!你不给俺就宰了你!"他瞪圆一对牛眼,像门神,很吓人。脑门上的青筋鼓起来嘣嘣直跳。

一个炮递过去,又炸了手心,眼瞅着皮开肉绽,手掌像托着一盘炒鱿鱼卷儿。窦哥忽想到万老爷子的话,一股子不祥感透入骨头,不觉心寒胆战,掉着眼泪哀求道:

"咱中了万老爷子的话了,再放下去没命了,求你快回家吧!"

牛宝不吭声,像是没听见。一个个炮立在血肉模糊的手掌上,点着药信子,有的飞上去,有的往横处乱炸,完全没有准,血点子滴了一片。蔡家哥仨和周围的人都看呆了。决死的人跟神仙差不多,叫人敬畏。那打上去的双灯,像是带着血,变成血灯。牛宝后牙咬得咯咯咯响,努力不叫托炮的胳膊打战,两眼死死盯着春枝。春枝坐在车上一动不动,但双手紧紧抓住盖在车上的红棉被,好像一松手,人就要掉下车来。

牛宝又点着一个"炮打双灯",他万没想到这炮筒子里硫黄这么多,几乎是炸弹,猛烈一声巨响,火光闪着血光,牛宝倒在地上,春枝倒在车上。

　　一年后,还是腊月里,牛宝赶车往县城赶集,左手扬鞭,残断的右手缩在袄袖里。他拿不成笔,不能再画缸鱼了,改卖"杨家的炮打灯",而且只卖"炮打双灯"。满满一车花炮盖着大红棉被,上头坐着一个鲜艳如花的女人,便是春枝。

　　但人们说到他俩,都暗暗摇头。窦哥无意间把万老爷子应验了的预言泄露出来,大家更信春枝这女人是火、是灾、是祸,瞧!她还没进牛家门,就叫牛宝先废了一只手,而且是干活画画的手,这跟搭进去半条命差不多。牛宝听到这些闲话,憨笑不语,人间的苦乐唯有自知。

/ 神　鞭 /

古古古古古古古，今今今今今今今，
古非今兮今非古，今亦古兮古亦今；
多向精气神里找，少从口眼鼻上认，
书里书外常碰巧，看罢一笑莫细品。

那年头，天津卫顶大的举动就数皇会了。大凡乱子也就最容易出在皇会上。早先只有一桩，那是嘉庆年间，抬阁会扮演西王母的6岁孩子活活被晒死在杆子上。这算偶然，哄一阵就过去了。可是自打光绪爷登基，大事庆贺，新添个"报事灵通会"，出会时，贾宝玉紫金冠上一颗奇大珍珠，硬叫人偷去。据说这珠子值几万，县捕四处搜寻，闹得满城不安。珠子没找着，乱子却接二连三地生出来。今年踩死孩子，明年各会间逞强斗胜，把脑袋开了瓢。往后一年，香火引着海神娘娘驻跸的如意庵大殿，百年古庙烧成了一堆木炭。不知哪个贼大胆儿，趁火打劫，居然把墨稼斋马家用香泥塑画的娘娘像扛走了。因为人人都说这神像肚子里藏着金银财宝。急得善男信女们到处找娘娘。您别笑,您也得替信徒们想想:神仙没了,朝谁叩头?

天津人,好诈唬。有人直眉瞪眼说,他看见娘娘给人藏在鼓楼东海福南味店的后院里。一伙人不管掌柜伙计阻拦,跳墙进去,把堆在院角两垛黄酱坛子胡乱折腾一遍,也不见影儿,肝火没处泄,就砸酱坛子,还有的往上边撒尿。偏巧这家掌柜和知府大人沾点亲,便把闹事的抓起几个来。索赔却赔不起,因为,这几个都是整天惹祸招灾、无事生非的土棍儿,家里顶多一床褥子、两床被,几十个臭虫,连吃饭的家伙都没有。这下子,主张禁会的老爷们算逮住理儿了,到处嚷嚷说,天津卫这地方五方杂处,民风霸悍,重义尚气,易滋事端,不宜举办这种倾城出动的皇会。可谁能把会禁掉?

您再想想,天津卫是靠渔盐漕运发的家。行船出海,遇上黑风白浪,就得指望海神娘娘护佑了。即使头品顶戴,大聚宝盆,也拿灾病没辙,更别说命同猫狗的小百姓们。所以人们就借着海神娘娘诞辰吉日,百戏云集,万人空巷,烧香祝寿,讨娘娘高兴。还要把娘娘的塑像从东门外的天后宫里请出来,黄轿抬,华辇推,各会随驾表演逞技,城里城外浩浩荡荡绕几天，拿娘娘的威严，压一压邪魔妖怪。

人都说，人管不了的事，全归神仙管。天津卫这里的"三界、四生、六道、十方"，都攥在娘娘的手心里。可是娘娘也有偷懒耍滑的时刻，又把一些扎手的事推回到人间来。原来神仙也会推活船儿。人不尽天职，天不遂人愿，于是就生出今年皇会上这桩稀奇古怪的事来。

第一回　邪气撞邪气

三月二十二，照例是娘娘"出巡散福"之日。

这天皇会最热闹。津门各会挖空心思琢磨出的绝活，也都在这天拿出来露一手。据说今年各会出得最齐全，憋了好几年没露面的太狮、鹤龄、鲜花、宝鼎、黄绳、大乐、捷兽、八仙等，不知犯哪股劲，全都冒出来了。百姓们提早顺着出会路线占好地界儿，挤不上前的就爬墙上房。有头有脸的人家，沿途搭架罩棚，就像坐在包厢里，等候各会来到，一道道细心观赏。

干盐务的展老爷今年算是春风得意了。他顺顺当当发了一笔财，又娶了一房如花似玉的小婆，心高气盛，半月前就雇了棚铺，在估衣街口最得看的开阔地，搭一个气派十足的大看台。上头用指头粗的宜兴埠苇子扎成遮阳棚顶,下头用冒着松香气味的宽宽的白板松子铺平台面,两边围着新席,四匹红绸包在外边,又打胜芳买来几盏花灯挂起来。另外还雇了几个打小空的,换上一色青布裤褂,日夜轮班站在台前护棚。

俗话说,这叫拿钱壮的,也是拿气壮的。怕事的小百姓们不觉站远些,不知哪股邪气要是和这股气撞上,非出大事不可。谁知这预感居然应验了。请往下看——

自打出会那天,展老爷新娶的小婆就闹着要登台看会。谁不知,这小婆是打侯家后小班里赎来的姑娘子。本名紫凤,善唱档调,艺名唤做飞来凤。这飞来凤本是弱中强。如今决不像一般从良女子,隐姓埋名,稳稳当当过起清闲富足的日子。她偏偏要到这紧挨着侯家后的估衣街上露个脸儿,成心叫人认出她,看她,咬着耳朵议论她,却不敢对她这个摇身变成官眷的老娘指指点点。她还有另一层意思:以她这种贫贱身份,只要在人前一出头,展家大奶奶死也不肯同时露面,这就能压过大奶奶一头。但她没料到,大奶奶不来,展老爷也不敢来,死缠硬逼全没用,她便赌气自己来,而且打好主意闹出点名堂,叫姓展的一家子知道她不是软碴儿。

她坐在一张铺着绣花垫子的靠椅上,戴着翠戒指的雪白小手有姿有态地往扶手上一摆；在她的身后，站着一老妈子，头上梳着苏州鬏儿，横竖插满串珠、绒花、纯银的九连环簪子，足蹬小脚细羊皮靴，青洋绸肥腿裤，月白色大襟褂子绷着四寸宽的花袖箍儿，襟口掖着一条纺绸帕子。她姓胡，人叫她胡妈，是展家最会侍候人的老佣人。当下她站在飞来凤椅子后边，还在飞来凤身旁放一张茶几，摆好各类零食，像大官丁家的糖堆儿、鼓楼张二的咸花生、赵家皮糖、查家蒸食等，名家名品，应有尽有，罩上玻璃罩子，防备暴腾上尘土。但飞来凤很少掀开罩子捏点什么吃，却偏偏让胡妈把台下挎小篮卖杨村糕干的村姑叫上来，张口就说"包圆儿"了。其实她根本不吃这种街头小食，她一是摆份儿，二是成心糟践展老爷的钱。这还不算，每逢一道会来到棚前，她必叫仆人拿着展老爷的名帖去截会。依照皇会的规矩，有头有脸的人家，如果专意看哪一道会，便叫仆人拿着名帖到会头前，道一声辛苦，换过帖，请求表演，就算把会截住了。会头把旗子一摇，小锣当当一敲，全会止住，表演一番，像狮子、重阁、法鼓、杠箱等，都有一段精彩的功夫。演过一段，会头的小锣当当再响两声，就走过去，后一道会便跟上来。截会的人必须送上事先预备好的点心包，作为犒劳答谢。

飞来凤早就使钱请来"打扫会",把台前街面喷水扫净。这几天,她不管有没有看头,逢会必截。展老爷财大势大,捧出他的名帖,谁敢拨楞脑袋。何况她犒赏极厚,看台上一边堆了数百包点心,一码十斤大包,正经八百都是祥德斋的大八件。即便天津八大家,也没这么大手大脚过。这一来,她看会,人家都看她,看看这个走了红运的小娘们儿怎么折腾法。

虽说她赌气这么干,可是拿钱大把大把往台下撒,也是神气至极。此刻,鹤龄会的鹤童们舞着"飞"、"鸣"、"宿"、"食"四只藤胎布羽的仙鹤,转来转去,款款欲飞,还朝着她唱吉祥歌。胡妈在她耳边说:

"二奶奶,您瞧,那小童子脖上套着的银圈圈,就是乾隆爷看会时赐给的。听说,乾隆爷当年是坐在船上看会,还不如您这儿得看呢,嘻!"

飞来凤忽然想到,去年皇会,她还在侯家后同宝银、自来丑、月中仙几个姑娘子,嘴里嚼着冰糖梅苏丸,在人群里挤得一身臭汗。说不定那姐儿几个现在正在人群里,眼巴巴望着自己呢!想到这里,鹤龄会已然演完,她心中高兴,叫仆人拿点心,赏给敲单皮鼓的、吹唢呐的、舞龙旗的,连同扛软硬对联的,每人一大包;六个鹤童和会头每人两大包。

鹤龄会收获甚丰,兴冲冲就要起行,忽见一人拿

着朱漆大凳子,"啪"地迎头一撂,一撅屁股坐下来,大模大样架起二郎腿,翘着下巴朝会头冷口叫道:

"等等,照刚才那样儿,给你三爷演上十八遍。点心包——二奶奶那儿有的是,她替你三爷给啦!"

这几千人开了锅似的热闹场面,好像折一大盆凉水,登时静下来。再瞧这人的打扮,可算隔路——

古铜色湖绸套裤,裤腿紧缠着宝蓝腿带,净袜乌鞋,上身一条半长的深枣红拷纱袍子,挺像本地小阔佬,可袍子外边紧巴巴套着件没袖没领的小短衣,像马褂又不是马褂,倒像张七把摔跤时那件坎肩。这件小短衣做工挺讲究,上边耷拉着怀表链,胸口上还挂着七八个稀奇古怪、不金不银的牌牌儿。有些在鸟市看过洋片匣子的人,认出这是洋人身上的东西。可是他帽翅上插着那小梳子干吗用?广东娘们儿好在头发上插一把小梳子,随时拢拢头发,但从没见过老爷们儿玩这套。别看这小子一身四不像的侉打扮,还挺得意。好像人人看他这身穿戴都眼馋。

有人才要拿话逗弄他,一瞅他帽子下边瘦瘦的青巴脸,梆子头底下一双横眼,尤其左边那只花花眼珠,一缩脖子赶紧把话咽进肚里。这原来是大混星子玻璃花!

在这城北估衣街上,甭说招他,谁敢多瞧他一眼?连老娘们儿哄孩子都轻轻唱这么两句:"别哭啦,快睡吧,玻璃花,要来啦!"这也算是一种传统教育方式——在怀抱里就加入浓烈的社会内容。

可是,玻璃花今儿要做嘛?

凡是在这一带世面上混日子的人,心里都有数,玻璃花今儿并不是胡闹来的。要问这根由,那就得提到他那只花眼珠子的来历。

够份儿的混星子,都得有一段凶烈、带血的故事。

十年前玻璃花还是一个无名的土棍,小名三梆子。有一次,他闯进香桃店,闹着"拿一份"。香桃店是侯家后俗称"大地方"的大妓馆。店大人多,领家招呼七八个伙计操着斧把儿围起他来。那时打架兴用斧把,因为斧把一端是方的,有棱有角,抡上就皮开肉绽。依照混星子们的规矩,必须往地上一躺,双手抱头护脑袋,双腿弯曲护下体,任凭人家打得死去活来。只要耐过这顿死揍,掌柜的就得把他抬进店,给他养伤,伤好了便在店里拿一份钱,混星子们叫"拿一份"。这天,三梆子就这样抱头屈腿卧在那儿,叫人打上一袋烟工夫。他仗着年轻气盛,居然没吭一声。一个在这店里拿份的混星子死崔,将斧把头砸在他左眼上,血呼呼的,只当瞎了。伤好后,眼珠子还在,却黑不黑白不白成了花花蛋子,那个打坏他眼珠儿的死崔,在江叉胡同的福聚成饭庄花钱摆一桌请他,当面赔罪。这死崔心毒手黑,暗中在靴筒掖一柄小刀,只要他闹着赔眼珠,就拔刀下手。谁知道,三梆子非但不闹,却花钱买下这桌酒饭,反过来谢谢他。这因为混星子们不带伤不算横,弄上这点彩儿,正是求之不得。真怪!这世上真是嘛人都有:有的对别人下狠手表示厉害,也有人对自己下狠手显威风,有的把伤藏起来,以为耻辱,有的就挂在脸上,成了光荣的标记。从此,三梆子得号"玻璃花"也就名噪津门了。侯家后的妓馆,无论大店小店,随他抽份拿钱。遇到客人找碴儿闹事,花丛荆棘,叫他知道,必来报复。那些身不由主的姑娘子,争着要他当后戳,求他坐劲,哪个不是他的相好?飞来凤在侯家后也是个人物,没在他怀里打滚撒娇才怪呢!精明人拿这些瓜葛一连,就明白玻璃花今儿成心是恶心攀上高枝的飞来凤来了。天津人管这叫"添堵"。

其实,飞来凤一瞧突然扎进来这人的装束,就认出是玻璃花。虽说这混星子是地道的土造,偏偏喜好洋货,飞来凤脖子上挂鸡心盒的洋金链,还是这小子送的呢!她从良之后,就一直揪心玻璃花会跟她捣乱,没想到今儿当着成百上千的人给她难堪。她不知道玻璃花要把事闹得多大。眼下,这小子正犯劲,软硬法子都使不上。如果叫仆人轰他,非惹得他翻天覆地,搅成满城丑闻不可。她急得心里有点发躁。

会头是个识路子的明白人。二话没说，旗子一摇，指挥鹤童们面向玻璃花，一连演两遍。然后走到玻璃花面前掬着笑说：

"三爷，您老给个面儿，改天再去拜会您。"

玻璃花面不改容，声不改调：

"去你妈的！向例出会都兴截会，怎么就不准你三爷？"

"这不是单给您连着演过两遍了吗？"会头小心翼翼，生怕玻璃花借个词儿，闹得再大。

"你耳朵长倒了？没听三爷说，叫你演十八遍！"玻璃花说。

会头给难住了。他明白，绝对不能动肝火，就稳稳当当地说：

"三爷，我们这会停了不少时候了，后边还压着三四十道会呢！压长了人家不干。您是天津卫最开面儿的老爷。三爷您要看得起我们鹤龄会，改日给您演上整整一天，怎么样？"

"去去去，别他妈择好听的说给我！"玻璃花非但不动心，反而把话凿死，"你三爷是嘛人，你拿耳朵摸摸去，说过的话嘛时候改过？"

两下这算僵住了。后边挤上来几个穿戏装、勾花脸的汉子。这是五虎杠箱会的人,压在后边,等不及了。那扮演濮天鹏的汉子,人高马大,再给硬衬的一托,显得魁梧粗壮。他上来对玻璃花一抱拳,说话却挺客气:"您先受我一拜。"声音嗡嗡贯耳。

玻璃花斜瞅他一眼,没当回事,颠着二郎腿,仰脸朝天,故意变尖了嗓音说:

"今儿不刮西北风,怎么吹得夜壶直响。"

人群里发出呵呵笑声。

这一句话把杠箱会的汉子噎回去。天津人说话,讲究话茬儿。人输了,事没成,话茬儿却不能软。所谓"卫嘴子",并不是能说。"京油子"讲话,"卫嘴子"讲斗,斗嘴也是斗气。偏偏这汉子空长一副男人架子,骨头赛面条,舌头赛凉粉,张嘴没一句较上劲儿的话:

"三爷,眼瞅着快下晌了,弟兄们耍了一天,还饿肚子呢!不看僧面看佛面,不看佛面,也看娘娘的面子,就叫我们快点过去吧!"

"嘛?看娘娘的面子?娘娘的面子也不如二奶奶的面子。那台上堆着的都是祥德斋的点心,饿了就找她要去!"玻璃花说着,用他那只灰不溜秋的花眼珠向飞来凤瞟一眼。

看来他今儿非要向飞来凤脸上抹一把屎不可了。

飞来凤坐在台上一动没动。站在身边的胡妈看得出,二奶奶涂了红油的嘴唇都发白了。

这一来,几方面的人全说不出话来。玻璃花占了上风,神气十足,打怀里掏出一个磨花的洋料小水晶瓶,打开盖,往掌心倒出点鼻烟,在上嘴唇两边抹个大蝴蝶,吸两下,打几个喷嚏,益发来了精神,索性把脚拿到凳子上,看样子今儿要在这儿过夜。

四周的百姓看不成会了,却都瞪大眼珠子,瞧这局面怎么收场。天津卫逢到这种硬碰硬,向例是不碰碎一个不算结。

第二回 跳出一个大傻巴

反正老天爷不会一边倒。这世道就像一杆秤,不会总摆不平,无论身内身外的事,都好比搿在这秤上。一头压下去,另一头就该翘起来。月光照完东窗,渐渐去照西窗;运气和霉气一样,在众人头上蹦来蹦去。日头太毒,便逼来浓云疾雨;雨下得过狂,又招来一阵大风,直把云彩吹得一丝不见。就说眼下玻璃花把会硬截在估衣街口,人们干瞪眼、愣没辙的当口,忽然,一个三十来岁的汉子走进人圈,朝玻璃花作个长揖,说道:

"这位大爷,您老开心顺气,抬抬胳膊放他们几位过去就算了。"

敢出头管事,胆子就算好家伙,但他的话茬儿并不硬,不像个打算使横的人。玻璃花打量这汉子:中等个子,方面大耳,秤锤鼻子,眯缝着小眼,脸颊上粗粗拉拉净是疙瘩,还带点傻气。再瞧他身上那件崭新的蓝布大褂,甭猜,一准儿是个缺心眼的穷汉子,换上新衣专意来看会,碰到这场面,不知轻重地想当个和事佬。因此,玻璃花更上了劲,撇嘴一笑,站起身,晃晃悠悠走到这人跟前:

"嘿,傻巴,哪位没提裤子,把你露出来了?你也不找块不渗水的地儿,撒泡尿照照自己。这是嘛地界,你敢扎一头!"

这话不错。眼前这种事躲还躲不开,竟还有人往里边掺和,可见此人多半是个大傻巴。他瞅玻璃花这架势,非但没有赶紧缩回去,偏偏觍着脸笑嘻嘻地说:

"今儿,大伙都图个吉利,多一事不如少一事,您老也少生气。"

"看来,你小子倒挺孝顺。告诉你,三爷向来肚子里没气,专会气人!"说着又瞟了飞来凤一眼,然后拿这傻巴找乐子,"头次咱爷儿俩见面,你拿嘛孝敬我?脱下你这大褂,三爷正少个门帘。哎,要说你这辫子真不赖,就揪下它来送你三爷吧!"

傻巴头上盘着一条少见的粗黑油亮的大辫子,好像码头绞盘上的大缆绳。若非精足血壮,决没有这样好的头发。不等他说话,玻璃花上手抓住,打着哈哈说:

"给你三爷还舍不得?"

说话一扯,竟没扯动。这傻巴就像一根铁柱子,辫子就像拴在铁柱上的粗绳子一般。玻璃花本想吓唬他一下,叫他疼得嚷两声,开开心,只用了四成力,可这一下没扯动,立即把他的肝火逗起来。得势人的脾气是沾火就着的。他大叫一嗓子:"我揪下你这狗尾巴!"这回使足了十成力,猛一扯。只听"啪"一响,四周的人不禁抬手捂脸,不忍看这把辫子生扯下来的惨状。谁知道,这一下根本没扯动,由于用劲过大,反倒把玻璃花带过来了,跟跟跄跄几乎和这傻巴撞个满怀,傻巴忙用双手搀住他说:"您老站好了!"那样子,就像晚辈给老辈叩头行礼那样。

人们止不住"哄"的一声笑了。玻璃花大怒,待他把傻巴的辫子挽上一道,要加劲狠扯时,忽觉得攥在手心的辫子"刺溜"一下没了,跟着眼前黑影一闪,"咻——啪!"好像一条皮鞭抽在自己脸上。由左眼角到右嘴角,斜着一道,火辣辣地疼,他瞪眼一瞧,那傻巴倒背手站在他对面。大黑辫子已经松松绕肩一圈,辫梢搭在胸前。玻璃花蒙了,不知这一下怎么挨的,但傻巴的小眼睛却露出吃惊目光,仿佛他自己也不知道这是怎么档子事。

玻璃花不觉向飞来凤瞅一眼,那小娘们儿脸上竟显出几分神气。

"好你妈的,今天三爷算碰上对手啦!来,三爷非把你卸了不可!"玻璃花一边脱去袍褂,一边吼:"三爷叫你爹从今天就绝后!"面对傻巴拉开动武的架势。

傻巴双手直摇,不愿意动打。

看热闹的人见要出事,胆小的赶紧溜走,胆大的也往后退。只有一些土棍儿们站着不动,拍着手,念着歌,起哄架秧子:

> 打一套,闹一套,
> 陈家沟子娘娘庙,
> 小船给五百,
> 大船给一吊。

虽说混星子只讲使横逞凶,耍光棍儿,不讲功夫,玻璃花却跟一位本领高强的师傅练过一年半载,但他凡事不经心,心浮气躁,半拉咯叽会几下子,仅仅能对付一气。他见傻巴站在那里不肯出招,先下手为强,上去劈胸就是一拳。这拳将要碰到傻巴,忽然一条黑蛇似的东西已到眼前。他脑子一闪,又是那条辫子!他赶忙收拳闪躲,辫梢闪电般在他眼珠上一扫,眼睛顿时睁不开了;紧接着"咻——啪",前身重重挨了一下,好像钢条抽的,劲力奇猛,他胸口发闷,眼前一黑,脚底朝天摔在地上。四下登时一片喊叫,有的惊叫,有的呼好。

玻璃花的脑袋像拨浪鼓那样摇两下,稍稍清醒就赶紧一个滚儿跳起来,却见傻巴照旧那样背手站着,长辫子仍然搭在胸前,好像根本没动静,但一双小眼烁烁放出光彩。这一下真可谓神差鬼使。玻璃花虽然给打得蒙头转向,还没忘了瞅一眼飞来凤。飞来凤那里正笑吟吟嗑瓜子儿,好像看猴戏一般。

玻璃花狂叫一声:"三爷活腻啦!"回身操起朱漆凳子朝傻巴砸去。他用劲过猛,凳子斜出去,把鹤龄会的灯牌"哗啦"一声砸得粉碎,破玻璃满天飞。众人见事情闹大了,吓得呼啦散开,由于不知东西南北,反而挤在一起。有的土棍儿们便往人群里扔砖头了。不知谁叫一嗓子:"台上的点心管饱呀!"一群土棍儿就像猴子纷纷爬上台,抢点心包。玻璃花挤在人群里,左一脚,右一脚,踢打挤来挤去的人,他心疼刚才脱下身的袍褂怀表给人乱踩,又想揪住那傻巴拼命,但傻巴早已不见,台上的飞来凤也不知飞到哪儿去了。

一个头扣平顶小帽的䁖混混儿挤上来,扯着脖子叫着:

"三爷!嘛事?哥们儿来了!"

"去你奶奶的,死崔,早干吗去啦?快给我揪住那傻巴!"

"傻巴?哪个傻巴?"

"他——辫子,揪住他的辫子!"

这话奇了!在那年头哪个爷们儿脑袋后面没辫子,揪得过来吗?

第三回 请神容易送神难

玻璃花鼻青脸肿,一头扎进估衣街上的大药铺瑞芝堂里,找冯掌柜要了后院一间房躲起身。一来因为他把皇会搅乱,保不准官府跟他找点麻烦,好汉不吃眼前亏,躲过势头再说。二来因为像他这种大混星子,当众栽了,脸皮再老也挂不住,那几下挨得又不轻,挂着彩去逛大街,岂不更难看!三来因为冯掌柜是个脓包,在这药铺养伤再好不过,吃药用药随便拿,冯掌柜还精通医道,尤擅推拿按摩,可以给他医治。

冯掌柜巴不得有机会叫玻璃花使唤,拉好关系,以后少跟自己搅和。他细心给玻璃花疗理,还好酒好菜侍候。玻璃花的伤愈来愈见好，心里也就愈烦躁。他不知该怎么出去露面，要想重振雄风，非得把傻巴那条辫子扯下来不可，偏偏找不到傻巴踪影。如果那傻巴是外地人，碰巧撞上闹一下就滚了，他还真没处捞回面子。但听傻巴口音还是地道的天津味儿，这小子究竟在哪儿？自打那天，玻璃花一直躲在药铺里，外边一切消息都靠死崔打听。死崔整天在外边转，非但没找着傻巴，捎回来的全是死煞人的传闻。据说傻巴扬言，还要拿辫子把他两眼抽成一对"玻璃花"，往后叫他连饭锅茅坑都分不出来。还说只要他脱下裤子在估衣街口，屁股上插一串糖堆儿，撅一个时辰，今后傻巴决不在天津出现。还有些更难听的话，气得玻璃花连喊带骂，非要找到傻巴，分个雄雌。但他冷下来一琢磨：自己不是个儿。于是只能屋里摔桌子打板凳，把冯掌柜摆在条案上的一对乾隆官窑的青花帽筒都摔了。弄得冯掌柜直挠头，不敢言声儿。请神容易送神难，只好挨着。

一天，展家的老妈子胡妈来了，说要见玻璃花。玻璃花藏身在此是绝密的，因此冯掌柜只好摇着脑袋说没见过玻璃花。胡妈笑了笑，把一包东西交给冯掌柜说："这是我家二奶奶送给他的。"转身就走。

冯掌柜把包儿拿到后院。玻璃花打开一瞧，竟是一件碧青崭新的洋马褂,兜里鼓鼓囊囊,掏出来看,竟然是张帕子包着一块真正洋造的珐琅表,上边画着洋美人打秋千。这是飞来凤送给他的。她准是猜到,闹事那天,自己丢了怀表马褂,便照样弄来两样更好的叫自己高兴。这小娘们儿真念旧!他对冯掌柜说:

"瞧这洋货多爱人!哎,你他妈为嘛不卖洋药,我听说有种洋药,比指甲盖还小,无论哪儿疼,吞下去眨眼就好。你是不是有药不给我用?看着我疼得冒汗,你好解气!"

冯掌柜赔着笑说:

"三爷说哪儿去了!有好的,还能不尽着您?我这是国药店,没洋药,你老要吃,我叫伙计到紫竹林去买,那药叫嘛名号?"

"叫……叫白、白……你是卖药的,干吗问我?"他忽然瞪起眼。

"洋人的东西我哪懂?您这件坎肩就没见过。"

"这哪叫'坎肩',这叫'洋马褂',洋人穿在小褂外边的,你他妈真老赶儿!"他嘴里骂骂咧咧,心里却挺美,手指头捏着表链玩。

"您老帽子上的小梳子呢?"冯掌柜见玻璃花高兴,自己也轻松了。有意卖个傻,好显得玻璃花有见识。

"这也是洋打扮！你真是不开眼，土鳖！"

冯掌柜虽然挨了骂，却挺舒服，他搓着手，笑道："赶明儿，我也学您老，头上挂个梳子。"

"屁，土豆脑袋也想挂洋梳子！"玻璃花说着，不知想到哪儿，神气忽然一变，问道："哎，展家送东西来的那个老妈子怎么知道我住在这儿？"

冯掌柜摇头说不知道。其实眼下满城已经无人不知，丢人现眼的玻璃花躲进瑞芝堂药铺。自打他藏到这儿的第三天，就常常有人假装买药，打听他的下落。药铺里的人都瞒着他。不是怕他，而是怕死崔。

但愿死崔这号人只在这书里，世上一个别有。

这小子原先家住在河北粮店街，人刁心毒，原名崔大珠。有一次，他灌了几挂肉肠子，晾在当院，被人隔墙用竿子挑了去。一般人碰到这种事儿，爱闹的就四处查找，无能的自认倒霉，往后再晾肠子换个地方挂也就算了。崔大珠偏不，他买包砒霜掺在肉里，灌了一挂肠子，仍旧挂在老地方，转天又被人偷去。再过一天，就听说前街上开水铺的皮五一家四口都死了。据说是给砒霜毒死的。县里下来人查来查去，把崔大珠抓了去。崔大珠毫不含糊，上堂就点头承认是他在肉肠子里下了毒，但他说这是药耗子用的，谁叫皮五偷嘴吃？这话不能说没理。官府把这案子翻来倒去,也没法给崔大珠治罪,只好放了。可是从此粮店街上,没人再敢搭理这个心比砒霜还毒的人了。那年头,没有"道德法庭"一说,他在人心中被判了死刑,得了"死崔"这个外号。他自知在河北那边待得没味儿了,就挪窝到估衣街上来。估衣街上有两个人人恨又人人怕的家伙,一个是面狠的玻璃花,一个是心毒的死崔。当下,两条狼都扎在冯掌柜的羊圈里。

玻璃花转转眼珠,问冯掌柜:"你说,为嘛飞来凤那娘们儿送我这洋表洋马褂?"脸上明显冒出一股气来。

冯掌柜不知这是哪股气,又不能不答,便说:

"讨您喜欢呗。"

"滚你妈的!那天我给她添堵,她知道我丢了洋表洋马褂,今儿成心拿这玩意儿给我添堵!"玻璃花甩手把衣服怀表狠狠摔在地上,大叫:"明儿,我弄瓶镪水泼在她脸上,叫她成活鬼!"此时已然满脸杀气。

冯掌柜吓得腿发软,想跪下来。他不知怎么对付这个说火就火、软硬不吃的混星子了。他弯腰把马褂怀表拾起来,说话的声音直打哆嗦:

"幸亏这洋表结实,没坏,一点儿没坏。还是您老这洋货好!"

"拿榔头来,我把它砸瘪了!"玻璃花吼着。

这时,门儿"吱"地一响,进来一个细高爽利的年轻汉子。这是冯掌柜新收进铺子的小伙计,名叫蔡六,精明能干,刚进铺子一年,一个人已经能当两人使唤。蔡六知道掌柜的被玻璃花缠住了,在窗根下偷听一会儿,心里盘算好了才推门进来。他进门就说:

"三爷,小的有句话,明知您不爱听,也得说给您听。"

玻璃花拿眼一瞄他,分明一种找碴儿的神气:

"有屁就放!"

蔡六并无怕意,反而坐在玻璃花对面的椅子上,笑道:

"您老纯粹给自己蒙住了!"

冯掌柜见自己的伙计敢这么讲话,吓得头发根冒凉气。玻璃花伸出的手指尖几乎碰到蔡六的脸:

"嘛意思?"

蔡六纹丝儿没动,还是笑呵呵:

"小的估摸,您到今儿还不知道那玩辫子的是谁?"

"谁?你知道,为嘛瞒着你三爷?!"

"三爷是嘛人,您不叫小的张嘴,小的哪敢在您面前逗大尾巴鹰?"

"三爷叫你说!"玻璃花没想到这小子知道傻巴,

急啾啾地问。

玻璃花的火气明显落下一截,蔡六含着笑点点头说:

"好,我告您,那玩辫子的在西头担挑儿,卖炸豆腐,人叫'傻二',这是贱名。"

天津卫的孩子从小都有个贱名,叫什么傻蛋、狗剩儿、狗蛋、屁眼子、大臭、二臭、三臭、秃子、狗不理,等等。据说,那是为了叫阎王爷听见,瞧不上,就写不到生死簿上去,永远也点不走,能长命。不管人们信不信,大家都这么做,图个吉利。

"这傻王八蛋的大名呢?"

"臭炸豆腐的,谁叫他大名!"

"他的窝在哪儿?"

蔡六见玻璃花被自己的话抓住了,便有意说得静心静气,慢条斯理,好压住玻璃花的火气:

"多半在西头吕祖堂一带。哪条街哪个门可说不准。我小时候,家就在吕祖堂后边。记得六七岁时,我娘领我去庙里烧香,认师父,打小辫儿。不是说,那么一来,就算入佛门了;有佛爷保着,不会再惹病招灾。那天,正赶上傻二去剃小辫儿。按照庙里的规矩,凡是认师父的,到了12岁再给老道点钱,老道在大殿前横一条板凳,跳过去,就出家成人,熬过了'孩灾'。俗例这叫作'跳墙'。照规矩，跳过板凳，就不许回头，跑出庙门，直到剃头铺，把娃娃头剃成大人样。这例儿三爷您听说过吧？"

"往下说——"

"傻二的辫子长得特足。12岁跟大人一般粗细，辫梢长过屁股。他跑出庙门，没去剃头铺，直奔回家，听说他舍不得头上的辫子。所以他现在才长得这么粗，像条大鞭子。"

"你总提他穿开裆裤时候的事儿干吗？三爷问他那狗尾巴上有嘛功夫？"

"您别急，小的全告诉您，半句也不留。听人说他爹有两下子，可从来没跟人使过，天天都在西头那边走街串巷，卖炸豆腐。听说他家是安次县人，那边人多练查拳。但傻二能耍辫子，从来没人知道。再说天下谁听说过辫子上还能有功夫？外边人都议论着，拿辫子当刀枪使唤，真是蝎子屎——毒（独）一份儿了。"

"那傻巴的功夫是他爹传的？"

"多半是吧，还能有谁？对了，从小听说，他爹罚他，就把他小辫拴在树上吊着。人都说他爹做买卖挺和气，对孩子却够狠的。他家就爷儿俩。还有人说，傻二是他爹领来的。亲骨肉谁舍得把儿子的小辫拴在树上吊着？现下再回回味儿，想必那就是练功吧！"

"说完了?"

"啊——"

"就这点屁,顶嘛用,滚吧!"

蔡六没动静儿,稳稳当当说:

"您别急。事说完,话没完。小的想告诉您,那傻二虽然有功夫,三爷您能耐却比他强!"

玻璃花用他那浑球般的花眼珠盯蔡六一眼:

"你小子拿我找乐子,还是捧我?"

"哪的话。小的再有胆,也不敢跟您开涮!小的虽然不会武艺,却看得出来,傻二全靠着那条辫子占便宜。您琢磨,动手时谁还防着对方的辫子?可他的辫子一甩出来,就等于两条胳膊再加上一条。三条胳膊对您两条胳膊,您还不吃亏?"

玻璃花听得入神,不觉点两下头。冯掌柜忙说:

"那辫子一转,何止三条胳膊,简直是千手观音。"

玻璃花没搭理冯掌柜,直盯着蔡六一张白净的脸儿问道:

"你说三爷拿嘛法儿降他?"

蔡六这才给玻璃花指出一条明道:

"您有那么多有能耐的朋友,谁有绝招就叫谁来,他们还不全听您三爷的招呼!"

"去你妈的!三爷打架向来一对一。"玻璃花说着照蔡六当胸就一拳。蔡六却看出玻璃花尖巴脸上有了活气,显然是听得中意,也中了自己"移花接木"之计。

这时,魁壮的死崔闯进来。蔡六忙给冯掌柜使了个眼色走出来。到了前屋,蔡六笑着对冯掌柜说:

"这下子,玻璃花该滚蛋了。"

冯掌柜迷迷糊糊,没弄明白。蔡六说:

"我知道他怕傻二那条辫子,便出个道儿,叫他去找人帮忙。他一去,咱就算把这位爷请出去了。"

"他肯去吗?"

"他恨不得吃了傻二,怎能不去?"

"要是打不过傻二,不又回来了?"

蔡六笑道:

"您放心,无论胜败都不会回来了!如果胜,就用不着住咱铺子里;如果败,甭说咱铺子,连估衣街上也待不住了。"

冯掌柜依然忧虑未解地说:

"崔四爷未必肯叫他去吧?"

蔡六说:"您还没看透,死崔不是不叫他出头露面。他这一招够绝——他先把玻璃花关在咱药铺里,然后在外边散风说,玻璃花藏着不敢见人。为了叫人们嚷嚷玻璃花尿了,把玻璃花名声弄臭。下边,他巴不得撺掇玻璃花去找傻二拼命,好借傻二的辫子除掉他!"他的口气很肯定,好像把下面三步棋全看在心里。

"这不能,他们是一伙的!不是哥们儿爷们儿吗?"

"别信那套!嘛叫哥们儿爷们儿?不过为了给自己助威。轮到两人分一块肉时,刀尖又专往哥们儿身上要命的地方捅。"

冯掌柜听到这儿,白胖胖的脸现出笑容,他没料到这新来的小伙计有脑子又有办法。他像危难中碰到保护人,好像大雨中找到一块房檐。他不由自主提起茶壶的铜提梁,给蔡六斟茶,一边问蔡六:

"你刚才说傻二那些事都是真的?"

"管它真假,唬住他就成!"蔡六接过茶碗,不客气地喝了。

他故意这样不客气,好像应该应分一样。因为这么一来,他在这个脓包掌柜面前的身份就不同以往了。

第四回 不信也是真的

不等天大亮,玻璃花就叫死崔陪着,打药铺出来,到南门外去请打弹弓子的戴奎一。两人横穿出估衣街,到了北城门口,并没走"进北门出南门"那股近道,而是沿着城根儿往西,绕城半圈才到南门外。这因为玻璃花怕人瞧见他,一路还穿街走巷,专择僻静人稀的路走。混星子们在街上向来爱走街心,车轿驴马都得躲着他们,他们还拿眼东瞅西瞅,谁要是多瞧他们一眼,碴子就来了。今儿玻璃花却使劲低脑袋,恨不得把脑袋揣在怀里。死崔在一旁心想:我叫你小子打今儿甭想再露脸儿啦!

那时,南门外一片大开洼,净是些蚊子乱飞的死水坑,柳树秧子,横七八叉的土台子,没人添土的野坟,再有便是密不透气的芦苇荡。住在这儿的多是雁户。拿排枪打野雁、绿头鸭、草鹭和秧鸡,到墙子那边去卖。这是个常年热热闹闹的野市,俗叫"南市",凡吃、穿、用的,随便买卖,应有尽有。鲜鱼新米、四时蔬果之外,还有些打八叉的小商小贩,倒腾各种日用的新旧杂货。江湖上的"金、瓶、彩、挂",什么拆字的,算马前课的,拉骆驼或"黄雀叼帖"的,打把式卖艺的,变戏法的,耍滦州影儿的,唱包头落子、哈哈腔、西河大鼓的等,都聚在这儿混吃糊口。天津这地方,有块地儿就有主儿。河有河霸,渔有渔霸,码头上有把头,地面上有脚行,商会有会长,行行有师祖,官场里上上下下,大大小小,一个衙门里有一个说一不二的老爷。在这集市上,欺行霸市要数"三大块儿"——戴奎一、何老白、包万斤,都是"安座子"已久的老江湖("大块儿"是指身上的钢筋铁骨腱子肉)。这三位"大块儿"能耐最大的便是戴奎一。他手里的一把弹弓可称天下奇绝。顶拿手的一招,是把一个薄瓷的小酒壶横放在桌上,瓶口放一颗泥弹儿,这泥弹儿与瓶口大小不离,他站在三十步远的地方一弹射去,把那泥弹儿打碎在壶中,绝不损伤瓶子。他用这手绝顶功夫招人观看,实是卖"化食丹"。只要演过几招弹弓,他就捧着一块血淋淋的鲜牛肉,生嚼生吃,再吞下几粒羊屎蛋似的丸药,口称这丸药到肚里,生冷俱消。他拿这种叫人目瞪口呆的法儿卖药,人们花钱买药,并非相信这药真能化食,而是害怕他这股恶劲。据说,光绪二十年,河南来个马班儿表演"小刀山"。河南的马班子大都会几手少林功,仗恃本领在身,没有先去拜会他,把他惹恼了。当一个年轻的女把式爬上三四丈高的大杉篙拿大顶时,戴奎一站在远处大叫一声:"戴爷给你换个左眼!"开弓一打,"啪"地把一个泥珠射进那女把式的左眼窝,马班子的男男女女都要跟戴奎一动武,眼望着这把上了子儿的弹弓,谁敢靠前?从此谁也不敢招惹他了,就是玻璃花那左眼放着没用,也不愿意换个泥球。

"戴爷,咱哥们儿麻烦您来了!"玻璃花拱拱手说。

他此时气不壮,说话时精神也不足。

"您这是嘛话,三爷!哥们儿我在城南,您在城北,城隔着人,不隔着义气。前儿,崔四爷来,把您的话捎给我。我跟四爷说了,只要您三爷一句话,咱哥儿们掉脑袋也认!不过……我刚才用脑瓜又琢磨琢磨,那个卖炸豆腐的傻小子,值我戴奎一的一个泥球吗?啊?哈哈哈哈……"

戴奎一咧大嘴叉子,仰面狂笑。他光着膀子,这一笑满身疙瘩肉像活耗子那样上下直动。他长得人高面阔,猿背蜂腰,鹰鼻豹眼,宽宽一条橘黄色亮缎腰带上,别着一根柳木叉架、牛皮筋条的大弹弓子。当下,他正站在自家店门口,店内迎面墙上挂着两副死人的骨头架子。这背景和打扮一衬一托,就愈发显得凶厉。本来戴奎一答应好今天为玻璃花去拔撞。虽说他向来天不怕地不怕,但是个人就有脑子,这两天耳边经常听到有关傻二的辫子的传言,传得神乎其神。在将信将疑之间,他开始掂量起来,为这个从来也没对自己出过力、眼下正走背字的混星子,去碰碰那个不知根底的傻二,值不值得……

死崔好像看见了戴奎一心里怎么拨棋子儿。他想,如果戴奎一不帮忙,就会挤着玻璃花对傻二暗中下手。反正玻璃花决不敢再跟傻二明着较量,而且已经几次计划着，派几个小混星子暗中对傻二下手。暗着干向来比明着干能成事。只要把傻二弄残，玻璃花就会在估衣街上重新抖起来。故此，必须设法使戴奎一去和傻二打一场。如果戴奎一赢了，就在外面散风说，玻璃花没能耐，借刀杀人，玻璃花的脸上也不光彩；如果傻二赢了，戴奎一必然恨玻璃花毁了他的名声，还会有玻璃花的好？想到这儿，他就拿话激戴奎一：

"戴爷，听那傻巴说您根本算不上咸水沽人。"

"怎么讲？"戴奎一没听明白这话是嘛意思。

"那傻巴是咸水沽人。他说，咸水沽水硬，人也硬，不出螃蟹。"死崔说。

"我听不懂你的话。"戴奎一说。

死崔含笑道：

"就是骂您呗！螃蟹的骨头长在外边，肉长在里边，外硬里软，不过看上去挺硬罢了。您先别生气，那傻巴还有话，——他说，要论胳膊大腿之外的功夫，谁也顶不住他的辫子，您的弹弓子不过是小菜儿！"

对付人的本事，全看能不能摸准对方的要害。看准要害，一捅就玩儿完。死崔深知，戴奎一虽然人高块大，心眼并不比针眼大。他更懂得，忌妒这东西挺哏：男人忌妒男人，女人忌妒女人，同辈忌妒同辈，同行忌妒同行；出家在外，同乡还忌妒同乡。——没听说过,山海关一个名厨子,会忌恨起广东一个卖字画的,哪怕这舞笔弄墨的家伙比他名气再大。

果然,戴奎一的胸膛里盛不下这几句话,气得骂开了。

死崔火上再浇油:

"人家都管傻巴那辫子叫'神鞭'!"

这"神鞭"是他为了气戴奎一,顺口编出来的。

"嘛叫'神鞭'?"戴奎一吼着。他心里的火顺着血流遍全身,手背、胳膊、脖子、太阳穴上的面条粗细的青筋,根根都鼓胀起来。

"他说,只要是凡人,想抽谁就抽!"死崔说着拿一双乌黑的小眼瞅着戴奎一发怒的脸。他要眼看着这妒火,直把戴奎一的胸膛烧透了才成。

戴奎一大叫道:"他是神仙,我也把他射下来!"说着,把腰间的弹弓取在手,扭身来一招"回头望月",把两个泥弹儿连珠射上去。只听天上"啪"一响。第二个泥弹儿飞去得更急,直把第一个打得粉碎。

玻璃花拍手叫道:

"好功夫! 管叫那傻巴的脑袋成漏勺!"

戴奎一听了,脸上立见笑容。他叫徒弟进屋取出一个缎面绣花弹囊,再从一排排晾在青石板上的泥弹儿中间,择出一些最圆最硬、颜色发黑的胶泥弹儿装满袋囊。戴奎一转了转眼珠儿,进屋拿了两个铁弹丸掖在腰间,便走出屋来,带着两个徒弟,与玻璃花、死崔去找傻二打架。

从西关街走到头儿,有个土坯打墙围着的院子。墙挺高,上边只露出三两个青瓦顶子,几棵老枣树黑紫黑紫,没发芽儿,带刺的树杈,密密实实罩在上边。院里没动静,树上没鸟叫,烟囱眼里没有烟往外冒,倒像什么奇人怪客住在里头。

有人给玻璃花壮胆,他顿时精神多了。上去啪啪拍门,扯着脖子叫喊:

"耍狗尾巴的,三爷找上门儿来了!"

砸了一会儿,毫无响动。他找了半块砖刚要朝门板砸去,忽听一个哑嗓音:

"我在这儿!"

他们不觉回头瞧,只见不远处的几棵大柳树下,站着傻二。还是那件蓝布大褂,粗长的辫子盘在头上。玻璃花跑上去,恨不得把傻二撕了:

"你别以为三爷栽了,今儿找你结账来啦!"

傻二态度谦恭,话说得诚心诚意:

"三爷说哪儿去了?我哪有能耐跟您闹。那天我也是稀里糊涂,赶巧碰您三爷两下,您不当回事就算了!"

"好小子,你还想寒碜我!你他妈'稀里糊涂'就把我打了?好大口气!傻巴,明白告你,今儿还不用三爷教训你。这位,瞧见了吗,戴奎一,南市打弹弓的戴爷——你三爷的兄弟,来给你换眼珠子来了。有能耐你就使!"

戴奎一站着没动,拱拱手说:"我这个属螃蟹的,来会会神鞭!"这几个字,酸不溜秋,拿着劲儿,好像从牙缝里挤出来的。

傻二听蒙了。嘛是属螃蟹的?神鞭?神鞭是嘛玩意儿?他说:

"我别听差了音儿。闹不明白您说的是嘛话,劳驾再说一遍。"

戴奎一嘿嘿一笑:"你是听美了,还想再听一遍。我可从来不用嘴皮子侍候人。既然咱俩都是咸水沽人,拿咸水养大——有你没我,有我没你,来吧!"他脱去外衣,取弓上弹。

玻璃花凑上前说:"戴爷真行,往后城北有事就找我。哎,您可小心他的辫子!"

傻二又听什么喝咸水的话,更加莫名其妙了,不等他问明白,戴奎一狠巴巴逼着他:

"怎么玩法?"

傻二说：

"算了，您的功夫我见过。咱们何必做仇呢？"

死崔在旁边叫道：

"您听明白了吗？戴爷，他只说见过您的功夫，可就不说好坏。见过算嘛？吹糖人、捏面人的也见过！"

这是往火头上再吹一口气。戴奎一气呼呼盯着傻二的脸说："你不动，我动！"他已然把弹弓抻开，拉紧的牛筋直抖。

傻二想了想，走到三丈远的地方站好，对戴奎一说：

"您打我三个泥弹儿，咱就了事，行不？"

戴奎一说：

"三个？不用，一个就穿瓢！看着——"

说着，右腿往后跨一大步，上半身往后仰，来个"铁板桥"。这招也叫"霸王倒拔弓"。随即手指一松，弓声响处，一个泥弹儿朝傻二飞去，快得看不见，只听得"哧"的穿空之声，跟着，"啪！"泥弹儿反落到场地中心，跳了三下，滚两圈儿，停住了！再瞧，傻二的辫子已经从头顶落在肩上。这泥弹儿分明是让辫子抽落在地的。这一下真可谓"匪夷莫思"，使戴奎一和众人亲眼看到傻二辫子上不可思议的神功了。

戴奎一输了一招,顾不得刚才自己说过的话,出手极快,取出那掖在腰间的两个生铁弹丸,同时射去。这叫"双珠争冠",一丸直取傻二的脑袋,一丸去取下处,使傻二躲过上边躲不过下边。这招又是戴奎一极少使用的看家本事。

铁弹丸又大又沉,飞出去呜呜响,就听傻二叫声:"好活!"身子一拧,黑黑的大辫子闪电般一转,画出一个大黑圈圈。"啪!啪!"把这两个弹丸又都抽落在地。重重的铁弹丸一半陷进地皮。傻二却悠然自得地站在那儿,好像挥手抽落两只苍蝇,并不当回事儿。众人全看呆了。

这一下,如果不是亲眼瞧见,谁都会不信。但事有事在,不信也是真的。

戴奎一大脸涨成红布。他不能再打了。原本说好打一个弹儿,已经打出三个;再说,自己也没有更厉害的招法,只有认输。他把弹弓子往腰带上一插,拱手说:

"该你的了,撒开手来吧!"

傻二摇着双手说:

"戴爷,您要再打,我也决不还手。今儿咱们算交个朋友,不算比功夫。您不过打几个弹儿玩玩罢了。"

这几句话丝毫没有带着钩儿刺儿,明摆着这傻二不想多事。戴奎一心里盘算，要是就此打住，还能带着脸儿回去；要是闹下去，非把脸儿丢在这里不可。自己绝对顶不住傻二这条神出鬼没、施过法术似的辫子。还是识路子，借傻二的话赶紧下台阶为好。这时，傻二又说：

"戴爷，我是炸豆腐的，不是武林中人，也没打算往这里边扎。故此，不愿跟任何人做仇。您刚才说的那些话，我琢磨不透——你干吗说我是咸水沽人？我往上数八辈都是安次县人，我也生在乡下老家。还有，您说那'神鞭'指的又是谁？是不是您弄拧了，还是有人拿瞎话赚您？反正我说的都是实在话，没一个字儿虚的。"

这几句话，登时把戴奎一心里的火全撤了。他没答话，双手抱拳朝傻二拱一拱说："你是亮堂人，我——走了！"转身没搭理玻璃花和死崔，径自去了。

傻二见事情了结，也回家了。

玻璃花赶上戴奎一说：

"戴爷，不能就这么算了。甭听傻巴得便宜卖乖的话。您一走，可就算栽给他了。您不是还有一手'换眼珠'吗……"

戴奎一好似胸膛鼓满气，不吭声，大步噌噌往前走，走着走着，忽然停住，张嘴大骂玻璃花："滚你妈的，我差点叫你砸了牌子！你他妈打不过人家，拉我来垫背。我姓戴的从来没像今天这么窝囊过，你还把我往死里推。我先给你换个眼珠子！"说着，扯起弹弓就要打。皮筋一下拉得像线儿那么细。看来，他要把心里怒气全拿这泥弹子发泄出来。

玻璃花一害怕，竟然扑通跪在地上，惊恐地大叫：

"戴爷，戴爷，您是我爷爷！您千万不能废我，我家里还有80岁老母和怀抱的儿子呢！"

其实他光棍一条。这是江湖上求人饶命的套话。

混星子们哪能怕死？玻璃花向来拿死当儿戏，今儿为嘛脓了，难道叫傻二的辫子把脊梁骨抽折了？这一来，众人可就瞧不起玻璃花了。

"死崔，你还不打个圆场！"玻璃花想叫死崔了事。

死崔嘿嘿阴笑，一句话不说。他要的正是这个结果。

玻璃花只好跪在地上向戴奎一求饶。

戴奎一使劲一扯弹弓，泥弹子没往外打，倒把双股的牛筋条"啪啪"全扯断了，弓架撇在道边沟里。他板着铁青大脸二话没说，带着徒弟走了。

玻璃花跪了一阵子。忽然想到死崔，扭头一看，空无一人，死崔早不见了。

他站起身，想了想，觉得事情有些不妙，便直奔北大关的"锅伙"。这"锅伙"是混星子们聚会议事的地方。死崔正在里边，他进屋就和死崔闹翻了。死崔不像往常，不单不怕他，反而比他还横；平时跟在他屁股后边的小混星子们，也都跟他上劲儿。以往，他给一股恶气顶着，在估衣街上说一不二，今儿仿佛气散了，怎么也硬不起来，竟叫混混们像轰狗一样轰出来。他没处去，又跑到瑞芝堂药铺，还惦着住到后院那间屋去。此时，照看铺面的已是蔡六。这小子皮笑肉不笑，话里话外使点损腔，没叫他进去，反把他请出来，气得玻璃花在街上大骂：

"好啊！破鼓乱人捶呀！等三爷把傻巴的辫子揪下来，就砸你的铺子！"

蔡六拿鸡毛掸子轻轻抹着柜台上的尘土，好像没听见。路上的人都站住脚，看玻璃花大吵大闹，就像看笼子里边的恶虎，样子虽然可怕，却又没什么可怕的了。

第五回　谁知是吉是凶是福是祸

一连好些天，傻二没有担挑上街卖炸豆腐了。甭说出门，只要门儿开条缝，就有小孩子在外边叫："神鞭出来喽！"还有些闲人，蹲在家对面的大树下边，等着瞧他，好像等着瞧出门子的新媳妇。平时，他整天进进出出也没人瞧，站在街头扯着嗓子叫喊："油炸——豆腐！"声音从这条街传到那条街，也叫不来几个。看来世上的事，不是叫喊就成的。

他真后悔！那天万万不该使唤辫子。他还觉得对不起死去的爹。他爹咽气前，拿出一辈子最后一点劲儿，把平时叮嘱过成百上千遍的话，吭吭巴巴再重复一遍：

"这辫子功……是咱祖宗一代代传下来的。我一辈子也没使过……记着……不到万不得已，万万别使……露出它来，就要招灾惹……祸，再有……传子传孙，不传外人……记好了吗？……"

临终的话，就是遗言。老子的话平日少听两句没嘛，遗言不能违背。可是，那天见到玻璃花截会，自己哪来那么大的火气？整个头皮都发烧，连辫子好像也有了感觉！头发根发抖，辫子往上撅，好似着了魔，控制不住要痛快地发泄一番。他抽玻璃花头一下，几乎想也没想，辫子自己就飞出去了。哪里知道辫子上竟有千斤力呢！

他自小跟爹学辫子功，不曾与人交手，不知如此神速和厉害！而且使起来，随心所欲，意到辫子到，甚至意未到辫子已到。这辫子上仿佛有先知先觉。他疑惑，是不是祖宗的神灵附在上边？

正如父亲再三嘱告的话，辫子一使出来，就给他招惹一串麻烦，先是玻璃花，玻璃花引来戴奎一，戴奎一引来在西市上砸砖头的王砍天，王砍天又引来鸟市上拉硬弓的柳梆子……全都叫他抽跑了。几天前，四门千总马老爷打发人拿来帖子请他去，想派给他一个小缺，在护城营当什长，只教授武功，别的不干，饷银不高，倒是清闲得很。但他家世代不沾官场，他相信：进了官场，没好下场。当即对千总爷说，自己只会耍辫子，属于歪门邪道，拳脚棍棒一概不通，推掉了这个差事。千总爷也不勉强他，只叫他耍耍辫子，当玩意儿看看，他不好再推辞，花里胡哨耍一通，耍上性，还当场打落飞来飞去的几只蜻蜓，千总爷看得眼珠子都瞪圆了，当即把府、县、镇、署、前后左右中各营的几位老爷用轿子抬来，叫他重新再耍一遍。他只得照样再耍耍，不用真本事，几位老爷已经开了眼，赏了他许多财物。老爷们一点头，傻二的大名就不是歪名。于是，从早到晚，都有人来拜师。人们不知道他的姓氏名号，又不好问，人家都出了名，还好问人家姓嘛叫嘛，只得尊称他"傻二爷"。他三十来岁，一直被人称呼贱名"傻二"，忽然贱名后边加个"爷"字，反而有点别扭。他还想叫傻二,还想卖豆腐,但已经不行了,眼下,只有一条祖传的规矩得牢牢把住,便是不收徒弟。他不管那些求师心切的人,怎么死磨硬泡,索性闩上门,砸门也不开。饿了就炸豆腐吃。但是,总不能天天吃炸豆腐活下去吧。

他捏着自己这条大辫子,耳听外边把那个不知从何而来的"神鞭"的绰号,愈叫愈响,真不知是祸是福,是吉是凶。一方面,他想到这辫子居然把地面上那些各霸一方的有头有脸的人物,统统打得晕头转向,暗暗自得;另一方面他又犯嘀咕,天津卫这地方,藏龙卧虎,潜龙伏蛟,强中自有强中手,能人后边有能人,以后不知还要引出嘛样的凶神恶煞呢。他总有点不祥的预感!

第六回　祖师爷亮相

不出所料,三天后,有人又嚷又叫,使劲砸门了。听声音,就知不是好来的。开门看,又是玻璃花。但这小子一见傻二就后退三步,好像是怕叫辫子抽上,看来他是给辫子抽怕了。

然而,今儿玻璃花精神挺足,大拇指往后一挑,撅着下巴说:

"傻巴,你看看,今儿谁来会你了?"

大门外停着一顶双人抬的精致的轿子。前后跟着八个汉子,一水儿青布衫,月白缎套裤,粉绿腰带,带子上的金线穗儿压着脚面;脚上穿薄底快靴,头上各一顶短梁小帽,显得鲜亮爽利。单从这跟随的衣着上看,轿子里坐的绝非一般人。此地人多官多,官儿从七品数到一品,城里城外到处都竖着旗杆刁斗,老爷便是各种各样的了。谁知这是谁?但这阵势已经把傻二唬住了。

"怔着干吗?"玻璃花朝傻二厉声叫道,"还不有请索老爷。"

傻二说:"有请索老爷!"心里却糊里糊涂,不知这索老爷是哪位。

轿夫扬起轿杆,两个跟随上去左右一齐撩起轿帘,打里边走出一个老者:清瘦脸儿,灰白胡子,眉毛像谷穗长长地从两边耷拉下来;身穿一件扎眼的金黄团花袍子,宝蓝色贡缎马褂,帽翅上顶着一块碧绿的翡翠帽正,镶在带牙的金托子上。他耷拉眼皮,像闭着眼,似乎根本没瞧傻二,大气至极。看上去,不是微服私访的大官,就是家财万贯的大老爷,多半是来请自己去做武师或护院的。他正盘算,万一这位大老爷请他,自己怎么谢绝。但玻璃花一说出这老头姓名,叫他心里像敲锣似的一响：

"索天响，索老爷。津门武林的祖师爷，不认得，还是装不认得？"

天津谁人不知索天响的威名！他在武林中稳坐头把交椅。都说，单指拿大顶，脚踢苍蝇，躺在蜘蛛网上睡觉，是他的"三绝"。他住在西门里镇署对过的板桥胡同，但幽居深院，找他不见，也从不在公众前露面，他的名帖却没有走不通的地方。大人物都是金脸儿银脸儿，本都是难得瞧见的，今儿居然找到他门上。傻二不明其故，又有些受宠若惊。他恭恭敬敬给索天响作了长揖，说道：

"您老要是不嫌脏，就请屋里坐，我给您泡茶。"

索天响好像没听见他说话，眼睛仍旧半闭半睁，不说话，也不动地方。

玻璃花便朝傻二叫道：

"索老爷是嘛身份，能进你狗窝？索老爷听说你小子眼里没人，叫你见识见识，也教教你今后怎么做人。"

傻二慌忙摇手，惊慌地说：

"不成，不成，我哪是索老师傅的对手！身份，辈分，能耐，都差着十万八千里，决不成！索老师傅，傻二在您面前，屁也不是。"

索天响的神气好像睡着一样。待傻二说完，他却开口冷冷地说："你不是要拿什么'神鞭'，把我当'冰猴'抽吗？"嗓音又哑又硬，像是训人。

"我可不敢这么狂！索老师傅，我……"傻二不知是惊是怕，说不出话来。

"好，我问你，你的功夫跟谁学的？"索天响依旧半闭着眼。

"傻二这点能耐是家传的。"

"哪门哪派？"

"门派？提不上门派。我爹也没跟我说过。"

索天响轻蔑地一笑，依旧闭着眼说："没有门派，叫嘛功夫？那不成了戴奎一的江湖之技了？好，我先考考你的见识，你——"他虽然听见傻二惶恐的推辞声，还是硬逼着问道："天津卫谁的功夫最高？"

"自然是您索老师傅，您底下才是霍元甲、鼻子李、铁手黄。"傻二说完脸上掬出笑容，以为索天响听了准高兴。

谁知索天响听到霍、李、黄三个，两边嘴角同时向下一撇，似乎说那三个在他名字后边也不行，应当只提他一个才是。索天响干咳两声，又问：

"武林人常说，南拳北脚。你会几种南拳？"

"我……一种也没见过。"傻二挺窘。

"哼,你这也自称练武之人。那你说,你听说过几种南拳?"索天响的口气,很像主考官。

"……听人说,梅花拳厉害得很。我还听……"

"胡说!"索天响截住他的话说,"南北都有梅花拳,你说是哪个?北方查拳分十路。一路母子,二路行手,三路飞脚,四路升平,五路关东,六路埋伏,七路才是梅花。南拳分大小梅花拳,并非十分厉害。厉害的要数——刘拳,蔡李佛拳,洪佛拳,白眉拳,虎鹤双形拳,龙形拳,南杖拳,螳螂拳,插拳,黑虎拳,太虎拳,龙门拳,铁线拳,天罡拳……"

索天响一口气顺溜地说出一百多种,傻二听得瞪圆小眼,心想今儿碰上高人,该栽跟头了。

玻璃花得意至极,叫着:

"傻巴,听傻了吧!你有师娘吗?"

索天响的跟随们也都面露讥笑。

索天响接着问道:"你上辈说没说,你这点功夫,是从哪路拳里化来的?"这口气愈加咄咄逼人。

"形意吧——好像是。"

"好,你说,形意为谁所创?"

"说不好!是不是达摩老祖创的?"

"哈哈,达摩老祖!那都是乡野之人,不学无术,以讹传讹。你连形意拳的开山鼻祖都说不出来,也敢把自己和形意扯到一块儿。这形意本是国朝初年山西蒲州人姬龙丰所创。张芸的《形意拳述真》说，'明清之交有姬公际可，字隆风者，蒲东诸冯人，精大枪术，遍游海内，访求名师，至终南山，得岳武穆五拳谱，意既纯粹，理亦明畅，后受之于曹继武，于是传衍下来。'这在雍正十三年的《心意六合拳谱》、马学礼的《形意拳谱》上都有记载。形意分三派。河南一派传马学礼，山西一派传戴龙邦，河北一派由戴龙邦传给李洛能。你既是安次县人，家学形意，可知道李洛能？"

傻二听得汗都下来了，他摇摇头，但不甘心在玻璃花和周围一些人眼里一无所知，草包一个，想了想便说：

"我爹曾对我说，我祖上创这辫子功，是从豹子甩尾悟出来的。这便是得到'形意'的要领。"

"更是胡说！你要说'少林五拳'，还扯得上。'少林五拳'为龙、虎、豹、蛇、鹤五形拳。内应心、肝、脾、肺、肾五脏，外应金、木、水、火、土五行，并与精、力、气、骨、神交互修炼。其中确有一门'豹形拳'。形意的'十二形'为熊、鹞、龙、虎、龟、燕、蛇、猴、马、鸡、鹰、鸟台。哪来的'豹'？形意要六合，心与意合，意与气合，气与力合，肩与胯合，肘与腰合，手与足合。还有三层道理，三层功夫，你可懂?"

"嘛叫'三层'?"傻二搭不上腔,真像个不掺假的傻巴了。

"嘿,今儿可算费了牛劲。听着,三层道理是——练精化气,练气走神,练神还虚。三层功夫是——一层明劲,二层暗劲,三层化劲。你连这个也没听说过?我的徒孙也能背出来呢!"

"我真正嘛也不懂。您老跟我盘道,我嘛也说不出来。"

"好笑!凭你这点道行,也想往津门武林中插进一脚来,还要称王?可笑!你年轻,不懂事,才这样轻狂。我可以告明白你,打你没生下来,这世上的每一寸地面上都有名有姓。你想立足,谈何容易。你别是缺心眼儿吧!"

玻璃花和众人一齐哄笑。

"索老师傅,我决不想往武林里扎。我只会耍几下辫子,身上的功夫就像破鞋跟儿——提不上。"傻二认真地说。

"噢?"索天响一直半闭的眼睛忽然睁开,一双灰眼珠淡而无光。他问:"你身上没功夫?"

"我能骗您?您不信就试试我。"

"好,我试试你。你动辫子吗?"索天响说。

"不动辫子,就试腿脚,您一摸就知我身上没功夫。"

索天响说:"咱有话在先,说好就试腿脚啊!"然后双手一分,就要用武。

一个跟随上来问索天响,是否脱去袍褂,索天响摇摇头,只把袍子的前襟提起来别在腰带上,对傻二说一句:"我这叫'三十六招连环脚',瞧!"说着就来到傻二跟前,两条腿使出踢、蹬、踹、点、扫、铲、钩、弹,专取傻二下盘。一招一式,有姿有态,出手绝非寻常,颇有大家气派。傻二忽想起春和营造厂的粉刷师傅毛吹灯,每次粉刷房子,都穿一身黑,一举一动,像天福戏园老生马全禄的做派那么讲究。刷完浆,身上居然一个白点不沾。凡是这种高手,举动就不一般,自己决不可半点大意。他想到父亲教过他的八字身法——吞、吐、沉、浮、闪、展、腾、落,一边回忆,一边用心使用,虽然生疏,倒能躲左避右,应付一气。他因有言在先,不动辫子,逢到机会也决不甩出辫子来。打了一阵子,觉得有点奇怪,这索老师傅的拳脚固然有招有式,举手投足讲究又好看,怎么没有叫人触目惊心、突兀险奇的招数?看来,这老头不愿意欺侮晚辈,有意对自己摆摆样子,并不打算伤害自己。这也是人家祖师爷该有的气度。

这是5月天气,今儿芒种,天阴发闷。索天响两边太阳穴已经沁出汗来,脑袋晃动,太阳穴就像蝉翼一般，闪闪发亮。按说索天响这种轻功极佳的人不该这样，也许年岁大了，毕竟不如年少，再过数招，居然呼呼有些微喘。傻二说："您老是不是歇一歇？"索天响乘他说话，不大留意，冷不防扬起一脚，直踹傻二的小肚子，这一脚可是往要害的地方去的。傻二不由得来个"嫦娥摆腰"，刚好把这脚让过去。索天响踢空，用劲又过猛，险些把身子带出去。他赶忙收腿，一时立不稳，慌乱中两只手摆了摆，才算立住身子，就势手一指傻二，说道：

"你既然累了，我让你喘喘。"

在场的人都看出索天响有些气力不济。傻二心想，这老头儿远道而来，闷在轿子里，中了暑热吧，便收住式子，说："我去给您老端茶。"刚转身，只觉得身后寒光一闪，一阵冷森森的风直奔自己的后脖子。他心想不好，头上的发辫反应比他的念头更快。"啪"一响，再扭身，只见地上插着一柄半尺多长扎眼的快刀。索天响像木头柱子戳着发呆，右手的手背上有一条红红的印子，显然是给自己的辫子抽的。而自己的发辫已然搭在肩上，就像玩蛇的，绕在肩上的大青蛇，随时都会再蹿出来。这突然的变化，叫众人看傻了。有人想到，怪不得索天响刚才不脱袍褂，原来怀里藏刀，那傻二又是怎么比眨眼还快，把这刀抽落在地上的？

索天响偷袭不成,一不做二不休,抢上一步要去拔插在地上的刀子,傻二的辫子比他的手快得多,辫梢一卷刀把,往上一拔,就劲刷地扔出去,嚓!直剁到左边一棵大柳树上,深入寸许,震颤有声。

四下响起叫好声!

索天响浑身上下,数脸皮没色了。他对傻二说话的口气依然挺大:"你小子言而无信,称不上武林中人,说好不动辫子,乘我不防动了。你等着,改天叫你尝尝少林正宗'山'字辈儿的佛门拳。所谓内、初、山、寺、团、同、胜、国、少、年、用、者、思、多、猷、民,都是大架佛门,'山'字是前三辈,使出这功夫,保叫你断筋折骨,皮开肉裂!"说完这套话,一头钻进轿子,不等跟随上来落轿帘,自己就把轿帘拉下来,跟着就走。那玻璃花已然跑到轿子前边去,走得更快。

傻二站着没动,眼瞅着飞快而去的轿子,心里纳闷,这等声名吓人的人物,怎么一动真格的就完了。见面先盘道,拿辈分当锤子,迎头先一下,论功夫,一身花拳绣腿,全是样子活。一分能耐,两分嘴,三分架子。能耐不行就动嘴,嘴顶不住还有架子撑着。他原先以为天底下的人都比自己强,从来不知自己这条辫子,把这些头头脸脸的人全划拉了。原来大人物,一半靠名,那名是哪来的,只有他妈鬼知道了。他开始相信自己的本领了。他高高兴兴走进院子，关上门，站在当院，拿桩提气，认认真真耍了一套祖传的一百单八式的辫子功。他愈发感到这辫子真是随心所欲，挥洒自如，刚猛又轻柔，灵巧又恢宏，似有一股扫荡天下、所向无敌之势。他脑袋一晃，刷！辫子顺溜溜盘绕在头顶，这时他心里拱起一股暖呼呼的美劲儿，但冷静下来之后，又觉得这美劲儿里头，还是混着一些模模糊糊、说不清楚的不安。是啊，世上的事不知道的总比知道的多，想象的总比实在的容易得多。走着瞧吧！

第七回　广来洋货店的掌柜杨殿起

人像蜜蜂，哪儿开花往哪儿飞。

您点儿高时，乱哄哄一大团围住您，没法分清；可是等到您点儿低的时候，真假远近，可就立时看得一清二楚。天津卫有句俗话，叫作：倒霉认朋友。

这几个月，落了坯的玻璃花算尝到了倒霉的滋味。没人理他，也没人怕他。一个人，就是一股子精气神。像他这类人，没人怕，一切全完。他没胆子在估衣街上露面了，那里的威风、便宜、势头、气候，连侯家后大小店铺以及姑娘班子里的油水，一概都叫死崔霸去。

他后悔，当年他势头最硬时，没借着死崔打坏自己一只眼，把他废了。现在干瞪眼、生气，也没辙。谁叫自己栽给傻二？怨谁，怨天怨地，不如怨自己。往往坏事的根由还是自己。

他不敢再去找人帮忙。戴奎一，王砍天，柳梆子，全弄得身败名裂。他指望索天响打败傻二，谁想到这祖师爷竟是唬牌的。索天响挨了一辫子，露了馅，回去后，家里边差点叫徒弟们端了。傻二"神鞭"的威名便加倍叫响。人们一谈起"神鞭"，自然扯到玻璃花。就是他在皇会上一闹，才惹出这条"神鞭"，要不傻二今天还在卖炸豆腐，埋没着呢！因此无论谁说神鞭，还都得从他那天"四脚朝天"的大跟头说起。愈是把神鞭说神了，就愈得把他说得惨些。他还能牛气起来？只有甘心当小狗子。

有一天，他没钱花了，就来到东北城角三义庙左近的展家，敲门后，找飞来凤借钱。胡妈出来拿一包碎银子，说是二奶奶给他的。他觉得这样有点像打发要饭的，又一想自己当下还不如要饭的呢，便接过银包，对胡妈说："告诉你家二奶奶，钱花完了，还来找她。"他用这些银子混了二十天，花完了，真的又来敲后门，胡妈出来告诉他：大奶奶把二奶奶锁起来了。他不信，以为飞来凤不理他。便隔着那堵磨砖对缝的高墙，往里边扔砖头，把院子里的金鱼缸砸碎了，引出展家几个男仆要抓他，吓得他一口气跑到海河边，在盐坨里藏了一天一夜，饿了就抓点盐末子往嘴上抹抹。第二天清早才爬出来，刚走到宫北，忽听有人叫"三爷"。他心里一惊，因为这几个月没听人叫他"三爷"了。扭头瞧，原来是广来洋货店的掌柜杨殿起。

杨殿起专门倒腾洋货，卖美国斜纹布、英国麻布、日本的T字布和绉纱。各国的瓷器、金属器、纸张、烟卷、针线等小商品也够齐全。这几年，喜好洋货的人渐渐多起来，有人见洋货得使，有人买个新鲜，有人拿洋货为荣，这就使他的买卖愈做愈赚钱。他还带手收罗土产的红枣、黄麻、驼毛、花生、蚕茧、草帽辫、牛皮羊毛以及骨角等，卖给洋人运出海去，得利也不少。那年头，没有进出口一说，实际上进出口全都叫他包了，做的是来回都赚钱的买卖。这人细高挑儿，小白脸儿，目光锐利，精明外露，脑子快得很。他在紫竹林里结识不少洋人，能说几种洋话，家里有的、摆的、拿的、吃的，净是稀奇好玩的洋玩意儿，叫洋货迷们看了眼馋。有时他还陪着蓝眼睛、红胡子、金头发、白手套的洋人们在城里城外逛一逛，比洋人更不把中国人放在眼里。那时，攀上洋人算一种荣耀。站在洋人堆里，自己也觉得比中国人高一截儿。别看玻璃花喜欢洋货，在杨殿起看来不过是个土鳖。不过，杨殿起来船运货，必须同玻璃花这类人打交道。玻璃花也弄点古董玩器，来和杨殿起换些新鲜洋货，这样一来二去，两下就算很熟了。

杨殿起把玻璃花请到后屋，茶水点心照应，一口一个"三爷"，却绝口不谈玻璃花当下的处境。

玻璃花心想：自己的事，有耳朵不聋就能知道，多半这小子刚打外边做生意回来，还没听到自己的事，不然不会这么待承他。买卖人无论看货看人，都瞧行情。但如果姓杨的真不知道，就该唬着他。

"三爷新近又弄到嘛好玩意儿？"杨殿起问。

"好玩意儿倒是常有。估衣街上那些老板掌柜的，哪个弄到新鲜东西不孝敬我？"玻璃花说。

杨殿起粉白的脸上浮现一丝嘲笑，才出现又消失了。他接着问：

"有嘛，拿一件瞧瞧。"

玻璃花忽然想到飞来凤送给他的那块怀表在身上，便掏出来往桌上一撂，说："瞧吧！"那神气，好像还有十块八块。

杨殿起根本没伸手去摸，只用一种不以为然的眼神扫一下，起身从柜子里取出一个鸡心样的洋缎面的小匣子，也放在桌上：

"你瞧瞧我这块,打开——"

玻璃花也想装得吃过见过,不去动,但心里痒痒,止不住动手打开匣子,里边平放着一块辉煌锃亮、式样新奇的大怀表,个儿大,又讲究。自己那块表摆在旁边,就像不入品的小乡甲站在人家一品中堂身边一样。杨殿起从匣里拿起表来,用手指轻轻一推表壳上小小的金把儿,里边居然发出比胡琴还好听的悦耳之声。玻璃花看得那只花眼珠都冒出光来。杨殿起对他说:

"这比你那块画珐琅的怎样?三爷,你听了别生气,你那块是平平常常的洋货,我这块在洋货里才是上等的。这叫'推把带问'。瞧!镂金乌银壳,打点打刻不打分,一个钟点打四次,每刻一次。你要是想问几点,不用看,一推这把儿,响几下,就是几点。"

杨殿起说着又推一下小金把儿,叮叮当当打了八下,墙上挂钟的时针正指在"Ⅷ"字上。

"里边好像有个人儿。"玻璃花情不自禁地叫起来。

"比人报得还准!人还有遗忘的时候呢。"杨殿起笑道。

"嘛价儿?"玻璃花问。

杨殿起说:"这是压箱底的宝贝,哪能卖呢?"说着把表收在匣里。匣子却摆在玻璃花面前。

玻璃花忍不住总去瞅,一瞅心里就像有个小挠子,

挠他的心。他瞟了杨殿起一眼,忽然说道:

"你他妈别来这套,不想出手你给我看?你箱子里绝不止这块表,还不是装满了洋货!"

杨殿起笑而不答,好似默认了。跟着把话扯到另一件事上去:

"您那两个小铜炉还在手里吗?"

于是两人斗起法来。杨殿起一边贬他的铜炉是宣德炉,年份太浅,一边还追着要。这铜炉原是北大关落子馆唱莲花落的一斗金孝敬他的。他曾经拿这炉子,打算和杨殿起换一副玳瑁架的洋茶镜,没有成交,这次又嚼了半天舌头,还是没谈妥。杨殿起掏出一个洋指甲剪子,嘎嘎剪指甲,玻璃花头次见到这稀奇玩意儿,看得入了迷,再也沉不住气了,说拿自己两个铜炉加上飞来凤给他的珐琅表,换一块"推把带问"的怀表,外加这把指甲剪子。杨殿起觉得很合适了,但仍不吐口,非要玻璃花把铜炉拿来细看一看再说。

"我那两个炉子存在一个小混混家,今晚我去取,明早给你送来。"

"那好。明早我正要你跟我走一趟。"杨殿起说。

"哪儿?"

"紫竹林。"

"干吗去?"玻璃花一怔。紫竹林是洋人的租界,那时候,一般人都怕去租界地。

杨殿起笑了。

"瞧你,喜欢洋货,却怕洋人。我不告诉你,但准有你的好处。"

玻璃花脖梗一歪说:

"三爷怕过谁?好处不好处,咱爷们儿不在乎,你得说明白,嘛事?"

"有位洋大人要会会神鞭。你不是跟他交过手吗?洋大人请你去说说,神鞭那小子有嘛绝活,这还不容易。你就近还可以逛逛洋场。"

玻璃花一听这话才明白,原来杨殿起早就知道自己的境况。他没给自己白眼,是因为有用于自己。准是洋人给他什么好处,他才为洋人找自己的。好小子!想白使唤人,没那样便宜事!他就故意说自己明天有事去不成,想挤杨殿起现在就拿出表来。杨殿起立刻明白玻璃花这点蠢念头,他换了一种教训人的口气说:

"你挺明白的人,怎么犯傻了?这洋大人是东洋武士,要找神鞭打一架。你琢磨,咱国货抵不上洋货,国术哪能抵得过洋术?这东洋武士要把神鞭撂倒,你三爷不是又精神起来了,这事情一半也是帮你的忙哪!难道你打算后半辈子就这样窝窝囊囊下去了?东西算嘛?都是身外之物,再说,我还能少你的?"

玻璃花一晃脑袋，登时明白过来，马上答应明天去紫竹林。他把桌上的点心全划拉到肚子里，起身走出洋货店，乘着肚里有食，胡混一天，天擦黑就去金钟桥边那个小混混家去要铜炉。他踢开门，掏出一把刀子在自己胳膊上划一道，鲜血直淌。小混混以为玻璃花报复来的，"扑通"趴在地上直叩头，没想到玻璃花开口却是要铜炉。他当即拿出铜炉来，用纸包好，交给玻璃花。玻璃花见床上放着一顶崭新的珊瑚顶子的小帽翅，不知这小混混打哪儿抢来的，他顺手操起，扣在头上就走了。

第八回　出洋相

转天大早，玻璃花换上出会那天不中不洋的打扮，袍子外边特意套上飞来凤送给他的那件洋马褂，来到广来洋货店。杨殿起见了就笑道：

"袍子外边怎么还套上西服坎肩？哈哈哈哈，到洋人那儿去，哪能这种打扮，甭说你这套行头不伦不类，就是穿上地道的洋装，在洋人眼里也是中国人，洋人反而看不上。"

杨殿起的穿装是顶顶考究又华美的国服。横罗大褂，拷纱马褂，两道脸儿的银缎鞋，一码崭新，用料上等，做工更是精致讲究。腰带上坠着九大件：扳指儿啦，怀表啦，笔筒啦，眼镜啦，胡梳啦，鼻烟壶啦……一概装在镶金嵌银的绣花套子里，下边垂着八宝流苏，一走三摆，手里还拿一把香妃竹的绢面扇，上边有字有画。

"好啊，铃铛寿星全挂齐啦！"玻璃花叫道，"八大家的老爷们儿也不过这一身吧！"

杨殿起笑一笑，没吭声。

玻璃花觉得自己跟人家一比，就露穷相了。这要在过去，他准得开口向杨殿起借身行装，现在不知为嘛，舌尖嘴皮都不硬气。他一面脱去洋马褂，一面把纸包的铜炉交给杨殿起。杨殿起打开一看，就说："呀，那天我在灯下没看清楚，一直以为是宣德炉，谁知竟是假宣德，你瞧这锈，都是浮锈，纯粹是做出来的；再看底上的字儿，多赖！算了算了，带去当作见面礼送给洋大人吧！"说着交给同去的小伙计。

"你他妈别拿它借花献佛，我没钱时，还指着它当点钱花呢！"玻璃花说。

"你堂堂三爷，干吗说话露这种穷气。我嘛时候叫你流过血？和你交朋友，就得认赔！你凭良心说，是不？"

杨殿起说着笑着，两人一同穿过二道街，来到河边，那里早停着一辆大胶皮轮子的东洋马车。两人钻进四面透亮玻璃车篷,伙计登上车尾的踏板上,车夫"当——叮"一踩罐子样的大铜车铃,车子直上新修官道,刷刷地奔往东边的紫竹林租界。

玻璃花几年没进紫竹林,隔着玻璃窗子认出道边的江苏会馆、风神庙、高丽馆,以及邢家木场堆成大山小山似的篙竿木板,溜米厂晾晒的东一片西一片的白花花的小站米,都是老样子。可是一进马家口,满认不得了。洋房、洋行、洋人,比先前多许多。各种各样的洋楼都是新盖的,铺子也是新开张的;那些尖的、圆的、斜的楼顶上插着的洋旗子,多出来好几种花样。还有一些树直花斜的园子,极是雅静;路面给带喷嘴的洒水车淋湿,像刚下过小雨,又压尘,又潮湿,男女老少的洋人,装束怪异,悠闲地溜达,活像洋片匣子里看的西洋景。玻璃花恍惚觉得自己留洋出海,到了洋人的世界中来。

杨殿起叫车夫停了车子。两人下车,伙计付了车费。没等玻璃花闹明白这里原先是哪条道,忽然一个东西飞来,又硬又重,"啪"地一下砸在他的腮帮上。他晕晕乎乎,还以为是谁扔来的砖头;前几天,在东门里就不明不白挨了一下,多亏歪了,砸在肩上。他捂着生疼的脸大骂:

"操你姥姥,都拿三爷不当人!"

"别乱骂,这是洋人的球。"杨殿起说着,拾起一个毛茸茸的球儿给玻璃花看,"瞧,这叫网球。"

只见左边一片绿草地上,一男一女两个洋人,中间隔着一道渔网似的东西。每个人手里都攥着一个短把儿的拍子,朝他咯咯笑,那男的愈笑愈厉害,索性躺在地上,笑得直打滚儿,一会儿肚子朝上,一会儿屁股朝上。那女的边笑边朝这边喊着洋话。杨殿起也朝他们喊洋话。

"你说的嘛?"玻璃花问。

"他们向你道歉,我说别客气。"

"客气?他打了三爷,就该赔罪!"

"你真不明事理。洋人能朝你笑,还道歉,就算很客气了。我看这两个洋人年轻,要是年岁大的,对你客气?不叫狗来轰你,就算你走运。"

"我他妈要是不客气呢?"

"叫白帽衙门的人碰见,起码关你三个月,还得挨揍、挨饿,外带罚银子。行了,三爷,别瞧你在天津城算一号,在这儿,随便一个洋人,就比咱知府大三品。这儿不是咱的地盘。咱平平安安,把东洋武士请去给你消消那口气,比嘛不强!"

玻璃花捏捏这又硬又软、挺稀罕的球儿,说道:

"行,三爷不跟他生气。但也不能白挨这一下,这洋球归我啦!"

他扭身刚要走,那女洋人穿着白纱长裙,像个大蝴蝶,跑上来两步,喊几句洋话。杨殿起叫玻璃花把球扔给她,少惹麻烦,玻璃花心里窝囊,也没辙,发泄似的把球狠狠扔过去,口中骂道:

"拿彩球往你三爷头上砸,三爷也不要你这臭娘儿们!"

那边两个洋人都不懂中国话,反而笑嘻嘻一齐朝他喊了一句洋话。玻璃花问杨殿起:

"他们说嘛?三块肉?是不是骂我瘦?"

杨殿起笑着说:

"这是英国话,是'谢谢'的意思。这两个洋人对你可是大大例外了。我来租界不下一百次,也没见过这么客气的!"

嘻嘻,玻璃花心里的怒气全没了。

没走多远,杨殿起引他走进一座洋人宅院。头缠青布的黑脸印度仆人进去报过信,他们便登上摆满鲜花的高台阶,见到一个名叫"北蛤蟆"(实际叫"贝哈姆",是玻璃花听了谐音)的洋人,秃脑袋,黄胡子,挺着松松软软的大肚子。人挺和气,总笑,还是哈哈大笑,好像觉得一切都很好玩。此外,还有两个上了岁数、身上散香气的洋女人,眼珠蓝得像猫,腰细得像葫芦,仿佛一碰就折。玻璃花头次在洋人家做客,真有点蒙头转向。特别是处处洋货:洋房、洋窗、洋桌、洋椅、洋灯、洋书、洋画、洋蜡、洋酒、洋烟和种种古怪有趣的洋零碎,叫他眼睛花得嘛也看不清楚,而且一半连名字也叫不上来。连养的一只长毛的花花大洋狗也隔路,趴在地上看不出哪儿是脑袋。以前,弄点洋货,好比大海捞针,这次算是掉进"洋"海里了。

杨殿起和"北蛤蟆"去到另一间屋,不知干吗,甩下玻璃花一人。他正好得机会把这些洋玩意儿细心瞅一瞅,否则就白来了。他一眼先瞧见桌上有个黄铜小炮,心想多半是个小摆设,好奇地一按炮上的小钮,"咔"一下,从炮口射出一个东西,掉在地上,吓他一跳,再看原来是根洋烟卷。他把洋烟卷拾起来,却怎么也塞不回去了。他以为自己把这东西弄坏了,便将烟卷揉碎,偷偷掖在坐垫下边。他老实地坐了一会儿,不见人来,斜眼又见手边有个倒扣着的小银碗,上边有柄,柄上刻着两个光屁股的女人。他轻轻一拿,只听叮叮叮响,原来是铃铛。应声就有一个大胡子的印度人跑进来,瞪圆眼睛对他说话,他不懂,以为人家骂他,可这大胡子立即端来一杯又黑又浓又甜又苦的热水。

他不通洋话,吃亏不小。杨殿起和"北蛤蟆"有说有笑,说来道去。那"北蛤蟆"对杨殿起腰上拴的九大件感兴趣,从进门到出门,不断地摸摸这个,捏捏那个,不住地怪声呼叫,还拉来那两个女人看,好像见到什么宝贝。他坐在一旁,不知做什么,又不懂得洋人礼节,只好随着杨殿起去做去笑,人家点头他点头,人家摇头他摇头。一举一动都学人家,可活活累死人。后来"北蛤蟆"似乎对他发生了兴趣,总对他笑。到底是喜欢他,还是他脸上蹭了黑?弄不明白。一直到他与杨殿起告别时,"北蛤蟆"连说几声"白白",又看着他,拍着自己的秃脑壳狂笑不止。

杨殿起进紫竹林,就像回老家,东串西串,熟得很,也神气得很。他叫玻璃花在一个尖顶教堂门前稍稍等等,自己进去一阵子才出来,然后带他往左边拐两个弯,再往右拐三个弯,走进一家日本洋行。这儿从院子到走廊都堆着成包成捆的中国药材、皮货、猪鬃、棉花之类。打这些冒着各种气味的货物中间穿过,在一间又低矮又宽敞的屋子里,与洋行老板喝茶。杨殿起换了一口日本话与老板谈了一会儿,老板起身拉开日本式的隔扇门,只见当院一张竹榻上,盘腿坐着一个穿长衫的日本人,垂头合目,似睡非睡,倒挺像庙里的老和尚打坐。

洋老板会说中国话。他告诉玻璃花,这就是东洋武士佐藤秀郎先生。跟着,洋老板朝佐藤咕咕嘎嘎喊了几句日本话。

佐藤把他谢了顶的脑袋一抬,露出一张短脸;眼儿一睁,一双藏在眉棱子下边的鹰眼,灼灼冒光。他双臂一振,像只大鸟,款款跳下竹榻,立在地上,原来是个矮子,矮身短腿,胳膊奇长,评书上说刘备"两手过膝",原来世上真有这样的人。这家伙阴森森,真有点吓人。

洋老板叫玻璃花讲讲神鞭的能耐,玻璃花虽与神鞭交过手,又亲眼见过神鞭大败戴奎一、索天响等人的情景,但至今他也没弄明白那辫子怎么来怎么去,一闭眼只觉得晃来晃去,有如一条蛇影。此时,他为了在洋人面前表示自己是有用之人,便把那神鞭真真假假、云山雾罩地白话一通,真说得比孙猴子的金箍棒还厉害。

没料到,东洋武士听得上了火。他叫人拿来一杆赶大车的马鞭,交给玻璃花,叫玻璃花抽他。玻璃花哪敢。

洋老板说:

"佐藤先生叫你抽,你只管用劲抽。"

杨殿起也说:

"东洋武士瞧不起没能耐的,你不抽我抽。"

玻璃花心想，三爷不抽你是客气，打便宜人谁不会。他挽起袖口，抡起鞭子死命朝佐藤抽去。"啪"一响，并没抽上佐藤，鞭梢好像挂在什么地方了，抬头看看，头上无树，也没有别的东西缠绕，再一瞧，原来是给佐藤抓在手里。玻璃花吃惊地叫出声来：

"这——"

佐藤已撒开鞭梢，叫他再抽。他一鞭鞭，上下左右地，一鞭比一鞭狠。但每一下都给佐藤抓住，出手之快，看也看不清。玻璃花把鞭子扔在地上，抱拳说：

"佩服，佩服，佐爷！我没见过这种本事。"

杨殿起笑道：

"你就知道洋货好。洋人不强，洋货能强？"

老板把这些话翻译给佐藤，佐藤脸上毫无得意之色，大声喊来四条身材矮粗的日本汉子，看上去个个结实蛮勇，一人手里一杆长鞭。四人站四角，挥鞭抽打佐藤，佐藤左腾右跃，鞭子渐渐加快，佐藤的身子化成一条鬼影似的，也分不出头脚，却没有一鞭沾上他。只听得鞭子在空气里挟带劲风的飒飒声，玻璃花看得发晕，一只眼显然更不够使的了。

忽然，鞭影中发出佐藤一声怪叫，佐藤就像大鸟从闪电中蹿出来一样转眼间落在竹榻上。四条日本汉子傻站在那里，鞭子挥不动，原来四条鞭子的鞭梢竟给佐藤绾个扣儿，扎结在一起了。

杨殿起大声叫好称绝。玻璃花连"好"都喊不出来，为了表示自己不是外行，他琢磨一下，对佐藤说：

"佐爷，原来您练的是专门抓小辫！"

佐藤秀郎不答话，神气却傲然，好似天下所有人的辫子都能叫他抓在手里。玻璃花真算不白来，大开眼界，由此便知，天底下，练嘛功夫的人都有，指嘛吃饭的也有。当下，佐藤拜托玻璃花，送一张战表给神鞭傻二，约定三日后在东门外娘娘宫前的阔地上比武，到时候不到人就算认输。玻璃花见有这样的后戳，胆气壮起来，答应把战表交到傻巴手心里，把话捎到那傻巴的耳朵眼里。随后，杨殿起又用日本话同老板佐藤说了一小会儿，玻璃花插不上嘴，有些气，心想杨殿起这小子不是有话背着自己，便是有意向自己炫耀通洋语。分手时，玻璃花为了表示自己不是土鳖，就把刚才从"北蛤蟆"那里听来的两个字儿的洋话说出来：

"白——白！"

这一来，反弄得日本人大笑。

在返回城去的马车里，玻璃花问杨殿起，洋人为嘛总笑自己。杨殿起说：

"三爷不知，洋人和咱中国人习俗大不相同，有些地方正好相悖。比如，中国人好剃头，洋人好刮脸；中国人写字从右向左，洋人从左向右；中国书是竖行，洋人是横排；中国人罗盘叫'定南针'，洋人叫'指北针'；中国人好留长指甲，洋人好剪短指甲；中国人走路先男后女，洋人走路先女后男；中国人见亲友以戴帽为礼，洋人就以脱帽为礼；中国人吃饭先菜后汤，洋人吃饭先汤后菜；中国人的鞋头高跟浅，洋人的鞋头浅跟高；中国人茶碗的盖儿在上边，洋人茶碗的盖儿在下边。你刚才在贝哈姆先生家把碟子当碗盖，盖在茶碗上，当然人家笑话你了。"

杨殿起说这些话时，有一股精神从小白脸儿直往外冒。

"你敢情真有点见识！"玻璃花感到自愧不如。可是他盯了杨殿起的脸看了两眼，忽然说道："我明白了——你小子原来两边唬——拿中国东西唬洋人，再拿洋货唬中国人。今儿你腰上拴这些铃铛寿星，就是为了唬'北蛤蟆'的，对不对？哎，我那两个铜炉子呢？"

杨殿起没说话，从怀里摸出两样东西给他。一样是指甲剪子，一样是块亮闪闪的金表，正是昨天见到的那种"推把带问"的。但不是昨天镂金乌银壳那块，而是亮光光、没有做工的镀金壳，显然是杨殿起刚从洋人手里弄来的。

"你小子,拿我那两个铜炉子换了几块表?"玻璃花问。

杨殿起看他一眼说:"你不要就别攥在手里,拿来!我把那两个假宣德还你。你知道我往里搭进多少东西?一大挂五铢钱,还有一盒子血浸铜浸的玉件!"

"好小子,反正真假都由着你说。你和'北蛤蟆'跑那屋捣嘛鬼,我也不知道。认倒霉吧!"玻璃花推了一下表把,放在耳边,美滋滋地听一听,随即把表揣在怀里,链卡子别在胸前。

"你可还得给我再搜罗些铜佛、掸瓶、字画什么的。我——还有些好玩意儿,你见也没见过呢!"杨殿起说。

玻璃花身子随着车厢的摆动,眼瞅着在胸口上晃来晃去的金表链,听着杨殿起的话,忽然精神抖擞起来:

"等东洋武士打赢,三爷我翻过把来,咱他妈就大折腾折腾!"

第九回　佐爷的本事是抓辫子

四名长衣短裤的日本汉子在娘娘宫前的阔地上,用刀尖画个大圈,场子就打出来。不管人多挤,谁的脚尖也不敢过线。

这儿，除去山门对面的戏台不准上人，四边的楼顶、墙沿、烟囱，能站人的地方都站满了人。还有些人爬到过街楼"张仙阁"，推开窗子往下瞧。只见东洋武士佐藤秀郎和神鞭傻二面对面站着。东洋武士浑身全黑，短身长臂，鼠面鹰目，那样子非妖即怪。傻二还是宽宽松松一件蓝布大褂，辫子好像特意用蓖麻油梳过，上松下紧，辫梢夹进红丝线头绳，漂漂亮亮盘在顶上。人们都盯着他这神乎其神的辫子，巴望亲眼看见他显露神功。

东洋武士一抬手，玻璃花捧上一根碗口粗、四尺长、上平下尖的木桩子。东洋武士接过木桩，尖儿朝地，拿拳当锤，哐、哐、哐、哐，硬往下砸，眼见木桩一寸一寸往地下扎。这一出手就把人们看呆了。玻璃花高兴得又喊又叫。

玻璃花纯粹傻蛋一个。前三天说好，今天比武，日本洋行的老板不来，这边全靠杨殿起和玻璃花照应。杨殿起还得当翻译。偏巧昨晚杨殿起说铺子里有急事，坐船去了宁河的东丰台。玻璃花哪知道杨殿起由于天津人自打咸丰九年望海楼那桩教案，仇洋的情绪好比涨满的河水，使点劲就会溢出来，他怕招惹众怒，耍个滑儿躲开了。玻璃花竟然挺美，他以为杨殿起不在，日本人又不懂中国话，他想怎么说就怎么说了：

"傻二,瞧!今儿东洋的哥儿们,替三爷我拔撞来了。怎么样?三爷的路子野不野?今儿叫你小子明白明白,是洋大人神,还是你那狗尾巴神。看谁还敢骑着三爷的脖梗子拉屎!谁他妈恶心过三爷的,今儿东洋哥儿们就替三爷出气!哎,傻巴,你怔着干吗?"

傻二确实有点发怔。

大前天,有人把战表包块砖头扔进他家院子,他就忕头。为嘛?说也说不明白。反正那时候中国人忕洋人,谁也不知道为了嘛。有原因就有办法,没原因就没办法。直到昨天后晌,他还犹犹豫豫,依然没有回表应战。这当儿有人敲门,他坐在屋里没开门,转眼却见一个人站在跟前,就是一阵风刮进来,也没这么快。这人身材瘦小,鼻子奇大,单看目光透澈的双眼,就知有修行深厚的功夫在身。没等他开口,这人纵身往后一跃,竟然毫无声息地贴在墙上,两脚离地三四尺,原来他左手的无名指钩在墙壁的钉子上,凭借这一指之力自由自在地悬起整个身体,就像蜻蜓落在上边一样,这功夫可是天下少见的。这人笑嘻嘻对他说:

"我看你的神气不对。哥儿们,难道你忕洋人?那你还算不上一条好样的汉子。洋人不过眼珠、头发、皮肤的颜色和咱不同,说话两样,至于其他嘛——喜怒哀乐，行止坐卧，吃喝拉撒睡，还不都和咱一样？他们吃饱不打嗝儿，受凉不打喷嚏，睡觉不打呼噜吗？要说能耐，各有各的长处，要说比武打架，非压他们一头不可。哥儿们，论功夫，你在我之上。可是我都不把洋人当回事，你呢？咱初次见面，总不能叫我把你看尿了吧！尿给谁，也不该尿给洋人！洋人的武功再各色，总离不开手眼身法步，你只要留神他用嘛法子，破法拆招，保你打赢。何况你还多一条辫子呢……哎，兄弟，你给我把扇子，这天跟下火差不多。"

傻二转身拿扇子，边问：

"师傅尊姓大名？"

"鼻子——李。"

只听这三个字，回身已然不见墙上那人。头两字"鼻子——"声音还是在那面墙上，最后一个"李"字，已经是从门外边传进来的。

原来此人竟是赫赫有名的鼻子李。轻功盖世，名不虚传。人家既然如此看重自己，胆气也就足了。至于人家说功夫在自己之下，也并非一般客套话。像这种有真本事的人，总爱把自己藏在别人的后边；没真本事的人才总往前蹿，生怕丢掉自己。怕人忘掉是最悲惨的事——这是题外的话了。

且说这时，东洋武士已经把木桩子砸进地里一尺半,地面上露二尺半,他双臂一展,落在木桩上,像只老鹰落在旗杆顶上。他并不进攻,而是朝傻二比画两下,叫傻二进招。傻二想到鼻子李嘱咐他的话,用心琢磨对方的招法,悟到东洋武士身材矮小,够不上自己的发辫,故此先立个木桩,站在桩上,居高临下,逮机会好捉自己的辫子。傻二看破对方招数,也就马上有了对策,他纵身贴前,拳掌并用,就是不动辫子。东洋武士手法极快,把他的来拳来掌,一一抵住,而那双鹰眼始终死盯着他头上的发辫。傻二主意拿定,不到紧要关口,决不使唤神鞭。东洋武士也看透了他的用意,故意卖个破绽,待傻二贴前,猛出双掌,快若迅雷疾电,傻二赶忙招架,两双胳膊顿时绞在一起,傻二的左腕被拨在中间,只要对方发力,就可能被拨断。使辫子!他刚一动念,辫子已经抽在东洋武士的脸上,这一下,打得东洋武士立即松开双臂,身子一晃,险些掉下木桩,但傻二这一辫子打出去,似乎感觉辫梢碰到什么,这是东洋武士的手!他立即明白东洋武士今天憋足劲是来捉自己的辫子的,挨了打也没忘了抓他的辫子。他变个招数,不用横抽,而是如蛇出洞,寻到空隙直戳出去。软软一条辫子,使得像铁杆扎枪,刚猛异常。玻璃花在一旁叫道:"佐爷!小心辫梢扫眼睛!"东洋武士不懂中国话,怔了一下,就给傻二的辫梢飞快地戳上眼睛,不等他睁开眼睛,傻二抡起辫子就抽,"啪"声如劈雷,打得东洋武士在木桩上转了两圈,若不是脚下有根,早跟土地爷热乎去了。

这两下把东洋武士打糊涂了,他闹不清辫子的来龙去脉,甚至不知这辫子究竟在哪儿。可是他忽然见傻二的辫子一甩,像棍子一样横在自己眼前,东洋武士见这机会绝好,出手抓辫,指尖将将沾上辫子,这辫子又变成链条在他手腕"刷"地缠了两道。跟着傻二来个"狮子摆头",硬把东洋武士从木桩上甩起来,同时一拳打在东洋武士胸口上。这一拳为了不叫东洋武士借机抓他辫子,因而运足气力,锐不可当,直把东洋武士晕头转向地扔在对面的戏台上去。就这一瞬,傻二已然站在那木桩上,神鞭乌光光又松松地绕在肩上,双手倒背,神气顶足,好像站在那儿看戏。

在众人叫好和哄笑中,东洋武士就像名丑刘赶三,傻乎乎立在戏台上。不知谁大喊一声:"打他妈洋毛子呀!"跟着一大群人跳进场子和四条日本汉子打成一团。看热闹的人见闹事了,有的往南跑,有的往北跑,反而挤成大瞎团。一时拳飞棒舞,不知谁揍谁。死崔忽然带着一帮小混混,冲进人群,围住玻璃花,一把将他胸前的金表夺去,跟着混混们手舞斧把、竹竿、门闩,把玻璃花打得杀猪一般号叫,一直把嗓子喊劈了，出不来声音。

第十回　它本是祖宗的精血

傻二鞭打东洋武士，不单威震津门，也落得美名四扬。本地乡绅送来厚礼和钱帖，才子们送来条幅对联，还有梅振瀛写的两对大漆描金的横匾。一块是"张我国威"，一块就是这"神鞭"二字，尤其这"神鞭"写得尤见气势。"鞭"字最后一捺甩出来，真像傻二的辫子一甩那股劲——又洒脱又豪猛。可惜他房小屋低，没处悬挂。本地的山西、闽粤两家会馆就召集买卖人募捐银钱，张罗泥工瓦匠，给他翻盖房屋。因为他这一鞭，压住了洋人的威风，也压住了洋货如潮、猛不可当的势头。一连多少天，卖国货的铺子盈利眼看着往上增。故此，无论傻二怎样推却，也推不掉众人这份盛情。紧接着，就有更多好武少年求他开山收徒，传授神功。他祖辈的规矩非子不能传。但不知谁在外边嚷嚷，说他大开门庭，广收弟子。每天叩门拜师的人很多，杂七杂八，嘛样都有。有的脑袋后边的辫子不比老鼠尾巴长多少，毫不自量，也要学辫子功。有一天，来一个黑脸的胖大汉子，辫子比棒槌粗，长得几乎挨地，竟然比傻二的神鞭还长。傻二愈看愈不对，上去一抓，掉下来一多半，原来掺了假发！傻二没工夫和这些人胡缠，便关上门，门板上贴张黄纸，写明不收徒弟。可外边照样有人自称是他的嫡传弟子。大仪门口的益美丰当铺迎面墙上，挂出一条大辫子，说是当年"傻二爷"送的。下边贴张红纸，写着"神鞭在此，百无禁忌"八个大字，引得不少人去观看，说真说假，议论不已。后来各买卖铺一窝蜂都挂出辫子来，也就没人再论真假了。

市面上闹得这样厉害，傻二是凡人，凡人不能免俗，难免得意扬扬，迷迷糊糊像驾了云。他想自己出人头地，穿着打扮都得合乎身份，便在人家送来的礼品中，择了一套像样的袍褂，刚要试穿，忽听门外传来拨动橄头的声音，知道这是担挑儿剃头刮脸的王老六。自己也正该把辫子精心梳洗整理一番，便开门把王老六招呼进来。

王老六是宝坻县人，本领出众。据说他当年在老家学艺时，师傅叫他抱着挂霜的老冬瓜剃，只准剃去瓜皮上的一层白霜，不准划破瓜皮。老冬瓜都长得坑坑洼洼，练过这一手才算真本事。王老六在西头一带，走街串巷20多年，没听人说他划破过谁的头皮。可他今儿有点反常，不一会儿已经在傻二的头上划破五条口子，每划破一道口，就赶紧用胰子沫堵住，不叫血

出来,杀得头皮好疼。傻二抬眼见王老六握剃刀的手直抖,便问:

"你怎么啦?"

这话问得直。王老六以为傻二看出自己心里的鬼来,扑通跪在地上,浑身都抖起来,声音都发抖:

"您饶了我吧,傻二爷!"

傻二摸不着头脑,但觉得事情里边有事,往深处一追,王老六招出。原来玻璃花和杨殿起把他找去,说洋人要花一百两银子买傻二头上的辫子。他们先给王老六十两,待王老六割下辫子,再把赏银补齐。王老六一时贪财应了这事,临到动手心里又怕起来。王老六说到这儿,把头磕得山响,掉着泪说:

"不管您打我骂我,还是饶了我,从今儿我都再不在天津卫担挑剃头了。我白活了60岁,什么发财的机会没碰上过,如今百十两银子就把我买了。别看我岁数大,到老不做人事,也不算人!"

这事叫傻二听了吃惊不小。

他好言把这财迷转向的老东西安慰一番,打发走后,西城的金子仙来访。这位金先生在各大南纸局挂举单,卖字画,自然一手好字好画,以画"八破"称名于世。这八破,即破碎的古瓶,虫咬的古书,霉烂的古帖,锈损的古佛,熏黑的古画,断残的古钱,磨穿的古砚和撕裂的古扇。他原先最爱吃傻二的炸豆腐，现在就自称是傻二的"老哥们儿"，常来串门。每来必送一幅字，都是用最考究的红珊瑚笺帛写的。

傻二把刚刚发生的事告诉金子仙，并说：

"我纳闷，他们割去我的辫子有嘛用？至多半年不又长出一条？"

金子仙慌忙说："不，不，你快敲木头，这话不能说。这神鞭既是你父母的精血，又是国宝，焉能叫洋人弄去。"他沉一下，放缓口气说："老哥们儿，虽说你神功盖世，要论您这人……我下边要说的话就有点愣了……"

"你有话干吗留在肚里！"

"您——哩！您这人可算冥顽不灵。对外，看不明白世道；对己，看不明白……您这神鞭。"

傻二想一想，连连点头说：

"对、对、对！是这么回事。你怎么看，说说。"

金子仙的话题非同一般，神色也变得庄重起来，皱成干枣儿似的眉头上，还颇有些忧国忧民之意：

"如今这世道是国气大衰，民气不振，洋人的气焰却一天天往上冒。他们图谋着，先取我民脂民膏，再夺我江山社稷。偏偏咱们无知愚民，不辨洋人的奸诈，反倒崇尚洋人。就说市面上那些怪怪奇奇的洋货，都是海外洋人的弃物，愚民竟当作珍宝，怪哉！还有洋人的图画，徒有形貌，毫无神韵，更是无笔无墨，上无刘李马夏，下无四王吴恽，全然以媚俗取悦于人，愚民也好奇争买。有人瞧见，紫竹林一家商店摆着一件塑像，名号叫'为哪死'（维纳斯），竟是赤身裸体的妇人！这岂不是要毁我民风，败我民气！洋人不过都是猫儿狗儿变的，能有多少好东西？民不知祖，就有丧国之危！老哥儿们，您再想想自己头上这辫子，哪来这样出神入化？您自己也说过，想到哪儿，辫子就到哪儿，想多大劲儿，辫子就多大劲儿。凡人岂有这样的能力？这本是祖先显灵，叫你振奋国威民志，所谓'天降大任于斯人'！洋人想偷神鞭，意在夺我国民之精神！身上毛发，乃是祖先的精血凝成，一根不得损伤。您该视它为国宝，加倍爱惜才是。老哥们儿，我看您为人过于憨厚，凡事不计利害，怕您吃亏，才不管您爱不爱听，把话全扔出来！"

这一席话，已然使傻二听得浑身起鸡皮疙瘩。人们常说，神呀，仙呀，灵呀，魂儿呀，现在竟都在自己身上。他瞥一眼自己的辫子，仿佛弄不明白是嘛玩意儿了。好像脑袋后边拖着的不是辫子，而是整个大清江山，那么庄严，那么博大，那么沉重。但再寻思寻思，这事情确乎有点神。谁有这辫子，谁又听说过这样的辫子？一时，他有种当皇上那样的气吞山河之感，还有种感觉——那时没有"使命感"这个词儿——他就是这种自我感觉。他心想，既然自己的功夫不能外传，就该赶紧娶妻生子，否则便会打他这儿中断了祖辈传衍的神功，对不起祖宗。他见金子仙是个古板人，循规蹈矩，能信得过，便拜托金子仙帮他找个媳妇。金子仙家正好有个老闺女，就送过门来。这女人名叫金菊花，模样平常，人却勤恳诚实，对他的辫子真当作宝贝一样爱惜，三日一洗，一日一梳，为了安全，剃头的事都由她自己来做。梳洗好拿块蛋黄色绣金花的软绸巾包上，还专门缝个细绢套，睡觉时套上，怕压在身子下边挫伤了。逢到场面上的事该出头露面，她在这辫子每一节都插上一朵茉莉花，香气四溢，黑中缀白，煞是好看。这女人就一步不离地守在他身边，防备歹人意外偷袭，这样子极像四月初八城隍庙赛会上，各所看守古董玩器的童子。

第十一回　神鞭加神拳

光绪二十六年，有个歌儿唱彻天津城：

一片苦海望天津，

小神忙乱走风尘。

八千十万神兵起，

扫除洋人世界新。

这歌儿来得突然，事情来得更突然。天下闹起义和拳！但如果您要在那时候活过，身子叫在教的二毛子们当驴骑，眼见过知府大人在洋人面前不如三孙子，您又不会觉得义和拳来得离奇突然。俗话这叫：事出有因嘛！

清明一过，直隶省遍地义和拳纷纷竖旗立坛。一入五月，文安、霸州、静海、丰润、青县、沧州、安次、固安等地拳民，呼啦啦潮水般涌进天津卫，凭借着两丈高的城垣，与紫竹林的毛子们交上火。炮弹来回来去，像蝗虫一样飞。人都说义和拳能避洋枪洋炮，天津卫的哥们儿应声闹起来，把各个庙宇、祠堂、公馆、公所、学院，甚至大家宅院，全都占做坛口。镇守天津的总督裕制军弹压不住，换个笑脸，穿着朝衣补褂，方头靴子，向各路拳首三拜九叩行大礼。这一来，满街走的都是义和拳了。文官遇上下轿，武官碰上下马，叫这些平时仰头走路的大老爷们垂头丧气，小百姓们自然高兴。这时，像广来洋货店那样的字号，在"洋"字上边贴个"南"字，像玻璃花去紫竹林坐的那类东洋车，也改称作太平车。一切沾"洋"字都犯忌。信教的二毛子、三毛子、直眼们大都给拳民们捉去。腿快的逃往租界。杨殿起虽然不在教，平时发了洋财，无人不知，他机灵得很，不等义和拳闹起来，便提早躲进紫竹林，后来"天下第一团"的首领张德成，用八十一条火牛往租界里一冲，他怕租界守不住，就随同贝哈姆的家眷坐轮船出海渡洋，从此不当中国人了。

这些日子，外边人都嚷嚷傻二去紫竹林拿神鞭打毛子，其实他一直待在家。他心里痒痒，想摆个坛口，但又犯嘀咕，不大相信义和拳真能闭住洋枪洋炮。金子仙更是不叫他和乱民掺和一起。他整天闷在屋里，并不死心。

5月17日，傻二在家，听大街上有人叫喊，传告各家用红纸蒙严烟囱，不许动火吃荤，三更时向东南方供馒头五个，凉水一碗，铜钱五枚。义和拳大师兄要到紫竹林去拆洋人大炮上的螺丝钉，如果马到成功，洋毛子的炮弹就落不到城里来了。不一会儿，又有人喊叫，各家都用竿子挑起红灯一盏，红灯照仙姑今晚要降神火烧教堂。傻二将信将疑，叫金菊花照样做了，一天一夜，竟然真的没有洋人炮弹落下来；当晚城那边果然起了大火，冒起三柱粗粗的黑烟，夹着一闪一闪的大火星子，直把东半边天都烧红了，比正月十五放烟火盒子还要辉煌壮观。一打听,原来是西门内、镇署前、仓门口的三座洋教堂,给红灯照借来神火烧着了。

转天,傻二在家中无事,忽听有人敲门找他。开门进来一个穿团服的矮小老头儿,倒梨样的圆脸儿,腰间别着一根九孔小管,自称是傻二老乡——安次县廊坊西边香芦村人。他忙请老头儿屋里说话。他不认得这老头儿,老头儿却知道他。因为老头儿和傻二的爹同辈儿。

"你听说一个外号叫'青头愣'的吗?"老头儿问他。

傻二想起,爹爹生前提到过此人,吹一口好笛,在村里的"吹歌会"领头。这会是纯粹的音乐会,红白喜事不吹,只在逢年过节演奏一番,讲求音调和味道。"青头愣"本姓刘,排行老四,由于头皮青得发蓝,乡人给他起了这个蚂蚱的绰号。傻二说:

"原来您是刘四叔啊!"

老头儿高兴地咧开嘴唇,直露出牙花,连连点头。这刘四说,早在乡间就听说天津卫出了一个"神鞭",他猜到这是傻二爹,谁知这次到天津一打听,没料到傻二爹没了,但功夫已经传到他身上。傻二问刘四,怎么会猜到是他家。刘四说,天下还有谁会这独门奇功？跟着，他告诉傻二所不知道的事儿——

传说傻二的老祖宗，原先练一种问心拳，也是独家本领，原本传自佛门，都是脑袋上的功夫。但必须仿效和尚剃光头，为了交手时不叫对方抓住头发。可是清军入关后，男人必须留辫子，不留辫子就砍头。这一变革等于绝了傻二家的武艺。事情把人挤到那儿，有能耐就变，没能耐就完蛋。这就逼着傻二的老祖宗把功夫改用在辫子上，创出这独异奇绝的辫子功。……

刘四啧啧赞赏地说：

"你祖辈有能耐，这一变，又是绝活！"

傻二好似一下子找到自己的根儿，心里十分快活，呼叫金菊花备些酒菜招待。刘四说，团有团规，不准吃荤、喝酒、逛窑子、诈钱财，违者挨一百杖，还要给赶出坛口。然后就问傻二身怀绝技，为什么待在家，不去竖一杆旗，上阵灭敌，光宗耀祖。他正色说：

"东洋武士都败在你手下，难道你还怕洋人？你匾上写着'张我国威'，挂在这儿给谁看的？你要是把这辫子当作古玩，它可就成死的了。如今，大男儿不去为民除害，以身报国，等啥？我老汉乡下还扔着一大家子人呢！"

"您……今年高寿？"

"整整七十啦!"刘四说。但乡下人操心少,活动多,吃新米鲜菜,都显得年轻硬朗。

"这样高龄也上阵吗?"

"不上阵,我一百多里下卫来干啥?虽然舞不动铁枪钢刀,穷哥们儿杀毛子时,我也吹吹笛,鼓鼓劲儿呗!"

傻二心里一动,眉毛也一动,问道:

"刘四叔,我入你的团如何?"

金菊花一旁想要阻拦,却给傻二的目光逼得没敢张嘴。

刘四笑道:

"不瞒你说,今儿是义和拳的总头领曹福田老师叫我请你来的,当下就在近边的吕祖堂。说啥入不入团,请你去做老师!神鞭一到,拳民立刻要精神十倍呢!"

傻二把搁在心里的话说出来:

"人都说义和拳都避枪炮,这话当真?"

刘四看他一眼,说:

"不假。你要看,就随我来!"

傻二把"神鞭"往头上一盘,对刘四说声:"走!"就拉着刘四走出大门。

他们来到吕祖堂,这清静的庙宇如今大变模样。

殿顶墙头插满牙边绣面的黄红团旗，就像戏台上武生后背插着的靠旗，好不威风！大殿前月台上，拳民正操演排刀，殿前摆一条大香案，供着大大小小许多神牌。一尊水缸大的生铁炉子插着数百根线香，团团浓烟往上冒，直与那些旗子卷在一起。拳民们齐刷刷站了一圈，四周还有不少百姓，观看拳民拜神上法，表演过刀。这场面可是既奇特又神秘，傻二以前在乡间看过白莲教、红枪会铺坛，连气氛都很相像。

义和拳按八卦中的乾、坎、艮、震、巽、离、坤、兑，分八门，又分红黄白黑四色。曹团是乾字团，主黄，故拳民一色黄包头，黄褡膊，黄裹腿。有的青蓝布衫外边罩一个金黄兜肚，镶滚紫边，当胸拿红布缝个"三"字，高矮胖瘦，老少豪秀，嘛样都有，却一概威风凛凛，神情庄重，若有神在。

一个年轻拳民跳到月台中央。这小子圆胖小脸，肥嘟嘟小撅嘴，左眼下有块疤，嗓门又哑又尖，一口地道的天津话。他脚上穿一双白布孝鞋，十分刺眼，自称能求来孙猴子附体。他走到香案前对着神牌先叩三个头。这些木头做的神牌上，用墨笔写着神仙的姓名，却都是戏里的人物。有关羽、姜太公、诸葛亮、张天师、周仓、孙行者、黄天霸、黄三泰、窦尔墩、杨六郎、武松、秦叔宝等，他叩过头，站在香案旁一位络

腮胡须、个子高大的师兄,拿起一道符,口中念道:

  快马一鞭,
  几山老君,
  一指天门开,
  二指地门开,
  要学武技请师傅来。

  这穿孝鞋的圆脸拳民也口念一咒语:

  北六洞中铁布衫,
  止住风火不能来,
  天有天道,地有地道,
  齐天大圣护我身,五雷刚。

  念过后,闭上眼,浑身猛地一抖,好像有神附入体内,跟着就陡然旋身疾转,手舞足蹈,每一动作都极像猴子。傻二看出这是猴拳的招式。大个子师兄问拳民:"何人下山?"这拳民尖声答道:"我乃悟空,刀枪不入也。不信就拿刀来试一试!"这声调与戏台上孙猴子的道白差不多。师兄操起一柄开了刃的九环大刀,朝这拳民哗哗响举起来。这拳民并不怕,拉开衣裤，一运气，肚子鼓得像扣上去的一个小盆儿。师兄一刀砍在肚子上，但听"咔"一响，居然皮肉不伤，刀刃砍过之处，只有一道白印，渐渐变红。这一来，拳民愈发神气，对师兄叫道："你拿洋枪来，我也不怕！"师兄就从香案下取出一支洋枪。这洋枪里没上子弹，而是塞满掺了沙子的火药，抬起来，枪口对着拳民。这场面可够惊心动魄，谁料这小子胆大包天，非但不避，反而把肚子凑近枪口，带着股刚烈气息，尖声叫得刺耳："来呀，毛子们来呀！"只听轰一响，硝烟飞过，这小子毫无损伤！他像掸尘土那样，把打在肚皮上的沙子用手都拂下来。众人看得说不出话来。傻二心想，这拳民用的是不是硬气功！即便如此，这也是顶上乘的功夫。他从未见过，也没听说过。因此对这附神上法也就信多疑少。哪知道，那时义和拳就是用这样的高手，稀世的绝招，鼓动士气，使人相信上阵能避枪炮、灭洋人，以此招徕团众。经过这叫人信服的操演，那些要去打洋人却畏惧枪炮的哥儿们，就都嚷嚷着要入坛了。

  这时，忽从五仙堂走出几个团首，簇拥着一个身披斗篷、腰悬大刀、气度非凡的黑瘦汉子。这汉子正是津门义和拳总头领曹福田。刘四忙引傻二登上月台去见曹老师。

曹老师是行伍出身，浑身带着干练精悍的劲头，见傻二就单手打个问心说：

"神鞭一到，不愁赶尽洋毛子！"

众人见是神鞭傻二来入坛，一齐欢呼起来，气氛很是热烈。

傻二说："曹老师为咱中国人雪耻，要率弟兄们去紫竹林与洋毛子一决雌雄，胆量气节，都叫我五体投地。"

曹老师说："哪的话！你的神鞭给我添了十倍的力量。就请您当众略施神功，壮我士气！"

傻二马上慨然答应，叫八名拳民挥刀砍他，眨眼之间，啪啪数响，不及看清，那八柄腰刀早给横七竖八抽落在地。惊得众人一时无声，然后轰地同声喊起好来。

傻二这几辫抽出精神来，他对曹老师说：

"几时去紫竹林接仗，我愿同往！"

"今日后晌就去。我给您两队拳民，由您带领，殷师兄——"曹老师扭头对刚才演排刀、穿孝鞋那个圆脸拳民说，"你跟着去！"

"好！"殷师兄过来对傻二说，"只要您叫我上，迎着枪子儿也上，如有半点含糊，就是狗娘养的！"

傻二对他含笑点头。他已经深为这拳民的豪气所感动。

"眼看晌午,我就不回家送信了,快快上阵。"傻二说到这儿,心想还是上法在身更牢靠些,便抱拳对曹老师拱拱手说:"愿借神威!"

曹老师当即拿出黄表朱墨,写了咒符一张给他,傻二接过来看,上边写着:

家住东海南,
日没昆仑山,
沙子赛冰凌,
闭炮不冒烟。

这四句咒语后边还画个"五雷正法"的符图。

他看了半天,似懂非懂,等他把这符咒折成三折,塞进辫根里,感到满脑袋的头发都发烫。似乎真有法力注入他的辫子里。他想:神鞭加神拳,毛子全玩儿完。心里有种纵入紫竹林,一扫洋人的渴望。

这时,曹老师已经派遣三名精壮拳民到紫竹林去下战表。那战表上这样写着:

统带津、静、盐、庆义和神团曹,谨以大役布告六国使臣麾下:刻下神兵齐集,本当扫平疆界,玉石俱焚,无论贤愚,付之一炬,奈津郡人烟稠密,百姓何苦,受此涂炭。尔等自恃兵强,如不畏刃避剑,东有旷野,堪作战场,定准战期,雌雄立见,何必缩头隐颈,为苟全之计乎?殊不知破巢之下,可无完卵,神兵到处,一概不留,尔等六国十载雄风,一时丧尽,如愿开战,晌后相候。

晌午,傻二随同拳民饱餐一顿百姓送来的得胜饼和绿豆汤,然后,列齐队伍,刀上贴了符纸,开拔上阵。兵分两路,曹老师一路出东门直捣马家口,傻二一路出南门径取海光寺。临行时,曹老师赠给傻二一块缝着乾字图样的头巾。他掖在怀里没戴,而是故意把那四尺多长的神鞭乌光光顶在头上。

一时,城中人都说,这一下,傻二爷要把毛子们都赶到海里去,就势还要拿神鞭将紫竹林里的洋楼和电线杆全都抽倒。说到电线杆,因为那时百姓们都认为电线杆里藏着洋人的妖法。

第十二回　一个小小的洋枪子儿

地有准,天没准,说阴就阴。虽然没有倾盆瓢泼往下浇,空中飘起又细又密的雨毛毛,不一会儿,树皮草叶就湿乎乎冒光,地皮也发滑了。

刚刚,傻二带领拳民与毛子们打了一场硬碰硬的交手战。毛子果然有隔路的招数,挺着枪刺只捅不扎,与咱中国人使唤扎枪的法子大不相同,傻二也使出拿手好戏,辫梢专抽毛子们的眼睛,只要毛子睁不开眼,拳民上去挥刀就砍。毛子吃了大亏,忽然脱开肉搏,退到土岗子后边放一排枪。傻二头一次与毛子们交战,这洋枪子儿比戴奎一的泥球神得多,连声音都听不见,辫子自然也毫无举动,身后的拳民却一个个倒下去。待他们冲上土岗子,毛子们连影儿也没了。傻二见倒在身边一个拳民,胸口给洋枪子儿穿三个洞,鲜血直冒,心里犯起嘀咕,还有几个年少的拳民看着发怔,似乎也对"刀枪不入"起了疑惑。那个穿孝鞋的殷师兄走过来说:

"这几个哥们儿功夫没练到家,请不到神仙附体,就顶不住洋枪子儿!"

话刚说这两句,忽然跑马场那边毛子们打起炮来。西瓜大的乌黑的弹丸,眼瞧着远远地飞过来,落在开洼地里,炸得泥水、土块、小树乱飞。殷师兄一点也不怕,对众拳民叫道:"站好啦,甭怕,怕鬼才被鬼吓着!等大炮诈唬完了,毛子们就该出窝啦!"

拳民们都迎着又凉又湿的风站着,没一个躲藏。

这阵炮没伤着人。随后,在前边墨绿色的树丛后边竖起一杆小洋旗来,摇了两摇,小鼓咚咚响,毛子们出来了,前后三排,端着枪,踩着鼓点直挺挺走过来。拳民们正待迎上去肉搏,毛子们忽然变化阵势,头排趴下,二排单腿跪下,三排原地站着。轰!轰!轰!三排枪,立即就有许多拳民向前或向后栽倒。其余拳民不明其故,仍旧站着不动,殷师兄尖声喊道:"趴下!趴下!"于是拳民们和傻二都趴在泥地上。

毛子们换上子弹,轰!轰!轰!又是三排枪。

子弹贴着傻二他们的头和后脊梁骨飞去,压得他们抬不起头来。殷师兄就趴在傻二身边,他的头巾被打燎了一块,压得他必须把脸贴在泥地上,他嘴巴上蹭了一大块泥印子,气得他脸憋得通红,眼珠子直掉泪,奶奶娘地大骂,愈骂火愈旺,忽然跳起来,用那撕扯人心的尖嗓子大叫一声:"操他祖宗,我娘叫他们糟蹋,我把他们全操死!"就像疯了一样舞着宽面大刀冲上去。他那穿着白孝鞋的脚,几步就闯入敌阵中间。

应声的拳民们立即全都蹿起来,迎着飞蝗一般的洋枪子儿上,不管谁中弹倒下,还是不要命地往前冲。傻二自然也不管身上有没有法了,夹在团众里,一直冲入毛子们阵中,挥刀舞瓣,碰上就打。耳边听着咪咪枪子儿响,跟着还有一阵阵助阵的鼓乐声从身后传来。这乐曲好熟悉！是《鹅浪子》吧！它这悲壮的、尖啸的、凄厉的、一声高过一声的声音，好像带着尖，有形又无形，钻进耳朵，再使劲钻进心里，激起周身热血，催人冒死上前，叫人想哭、要怒，止不住去拼死！呀！这就是刘四叔那小管儿吹出来的吧！他来不及分辨，连生死都不分辨了。一路不知辫子已经抽倒了多少毛子。忽然轰一响，眼一黑，自己的身子仿佛是别人的，猛地扔出去，跟着连知觉也从身上飞开了。待他醒来，天色已暗，周围除去几声呱呱蛙叫，静得出奇，他糊里糊涂以为自己到了阴曹地府。再一看，原来是在一个水坑里，多亏这坑里水浅，屁股下边又垫着很厚的水草，鼻尖才没有沉到水面下边，不然早已憋死。他从水里站起来，身上腿上都没伤，肩膀给洋枪子削去一块肉，血染红了左半边褂子。

他爬上坑边一看，满地都是死人，有毛子，也有拳民，衣服给小雨淋得颜色深了，伤口的血却被雨水冲淡，一片片浅红濡染尸体与草地。他忽然发现殷师兄和一个毛子死死抱在一起，一动不动卧在地上。他用手一掰，原来殷师兄的大刀扎在毛子的胸口里，毛子的枪刺捅进殷师兄的肚子，早都死了。在湿地上，那孝鞋白得分外刺眼。他四下把拳民的尸体翻翻看，没发现一个有气儿的。不知为嘛，他急于走开这地方。

他辨明方向,往城池那边走。走不多远,忽见一个黄土台上,横躺竖卧一堆死人。细看竟是他老家来的吹歌会,已然全部捐了性命。牛皮大鼓被炸裂,木头鼓梆还冒着烟儿,地上扔着唢呐、笙、小钹、鼓槌。在这中间,斜躺着一个老头儿,头上的包布脱落,脑壳露在外边,给雨淋得像瓜似的,冒着幽蓝幽蓝的光。他手里紧紧攥着一根九孔小管,呀,正是刘四叔!他差点叫出声来。当他俯下腰给刘四合上眼皮时,心里一阵难受,并涌起一股火辣辣的劲儿来,头发根儿都发奓,他猛扬头,一甩辫子,要只身闯入紫竹林决死一拼,但他忽然感到脑袋上的劲儿不对,再一甩,还不对,辫子好像不在脑袋上,扭头看,还在后背上垂着,真怪!他把辫子拉到胸前一看,使他大惊失色,原来这神鞭竟叫洋枪子儿打断了,断茬烧焦起来,只连着不多几根。掖在辫子里边的黄表符纸也烧得剩下一小半。嘛?神鞭完啦?

啊!他蒙了,傻了,不知道是怎么回事。一时好似提不住气,一泡尿下来,裤裆全湿了。

天黑时,他才回去,却不敢回家,又怕路上撞到熟人,叫人看见。他用曹老师给他的那块头布包上脑袋,进城后赶快溜进丈人金子仙家。金子仙听了,惊得差点昏过去,待他神志稍稍清醒,就忙把傻二严严实实藏起来，千万不能叫外人听到半点风声！

第十三回　只好对不起祖宗了

天津城陷后，很长时间，没人提起傻二。有人说，他去紫竹林接仗那天，踩响毛子埋的地雷，丧了性命；也有人说，他叫毛子们施了法术，关进笼子，还用电线捆起神鞭——那时人们不知电线怎么回事，以为其中有魔——装上船，运到海外展览。庚子变乱之后，一连几年，人心不定，社会不宁。毛子们拆去天津城墙，又把租界扩大一倍，天津地面上的毛子更多起来。中外一仗，有人打明白了，不再怕毛子；有人打糊涂了，更怕毛子。他们想，天上诸神下界，都拿毛子没辙，一条神鞭，即便真是祖宗显灵，也顶住不饯。

金子仙人够精细。他把傻二这么一个五六尺、咳嗽喘气的大活人，藏在家里半年多，居然没人知道。傻二养好肩上的伤，断辫子却一直没长好。那辫子是给洋枪子儿斜穿肩膀打断的，上边只剩下半尺多，养了半年，长过了二尺却愈长愈细，颜色发黄，好比黄羊屁股上的毛，而且尖头出了叉儿。头发一生叉就不再长，辫子少了一尺，甩起来不够长，也没劲，打在人身上就像马尾巴扫上一样。

这些天，金子仙父女和傻二的心情极糟，真像打碎一件价值连城、祖辈传下来的古董。金子仙跑遍城内外的药铺，去找生发的秘方。直把腿肚子跑细了一寸，总算打听到估衣街上瑞芝堂的冯掌柜有这样的秘方。金子仙马不停蹄来到估衣街，谁知药铺的掌柜早换了蔡六。蔡六说冯掌柜在半年前洋人洗城时，叫一堵炸塌的山墙压死了。金子仙不死心，又幸亏他鼻子下边长了一张不嫌费事的嘴，终于在北大关"一条龙"包子铺后边找到冯掌柜。冯掌柜如今在一间豆腐块大的门脸房摆小糖摊。一提药铺，冯掌柜就哭了。

原来，"庚子变乱"之时，聂军门武卫军的马弁们在估衣街上，乘乱烧抢当铺，大火把瑞芝堂药铺引着。蔡六抢在水会来到之前，把账匣子扔到火里。药铺的钱账，早就由冯掌柜交给蔡六掌管，花账、假账肯定不少。这一烧就没处查对。火灭之后，蔡六买通一伙人，自称是债主，向冯掌柜讨债，冯掌柜拿不出账来，蔡六又里应外合，点头承认铺子欠着这些人债款，只有人家说多少给多少，直把冯掌柜逼得倾家荡产。最后把药铺盘出去，才把债还清，谁知收底盘下这铺子的正是蔡六。冯掌柜抹着泪说：

"这应了一句老话，真能致死你的，就是身边的人。"

金子仙感慨不已。人活五十，都经过九曲八折，都有追悔莫及的事，联想傻二的辫子，他后悔变乱时，不该叫傻二和菊花住在城外，若在身边，他决不叫傻二去和洋枪洋炮玩儿命。他见冯掌柜胆小怕事，老实软弱，不会在外边多说多道惹麻烦，就悄悄把傻二辫子的事告诉冯掌柜。他明白，如果他胡诌一个什么亲戚得了鬼剃头，冯掌柜不会拿出秘方来。他话到嘴边，犹豫一下，不自主用点心眼儿，只说傻二喝醉酒，辫子叫油灯从中烧断的。冯掌柜听了，叫道：

"呀！神鞭断了，这还得了！您老别急，我这儿有个祖传秘方，还是太后老佛爷用的。这方子我没给过任何人。前年头里，阮知县得秃疮，掉头发，我也没给他使过这方子，只给他抄一个偏方。偏方和秘方是两码事。我祖上传这方子时，有四句诀：'青龙丹凤，沾上就灵；黑狗白鸡，用也白用。'傻二爷不是凡人，那辫子是祖传法宝，只要用上这方子，保他眨眼就生出黑油油的头发！"

金子仙叫道："太好了！我就信祖传的！人家告我紫竹林一家德国药店，卖什么'拜耳生发膏'，灵透了，我就不信。不信洋人比咱祖宗高明。"

冯掌柜听得眉开眼笑。他先收了摊子，关上门，然后打开屋角的花梨木箱子，从箱底取出一个紫檀小匣，开了铜锁，捧出一个用宋锦裹得方方正正的小包，上边系着一条皇绫带子，解带剥包，再把一层又一层缎的、绸的、绢的、毛纸的包皮打开，最后才是一块玉片压着的几张药方。药方的纸儿变黄，那些拿馆阁体的蝇头小楷写的字依旧笔笔清晰。他恭恭敬敬把药方放在桌上，用镇纸压牢，取了纸笔，一边郑重其事誊抄，一边把各药的用法细心讲解出来：

"这是《千金方》。寻叶、麻叶……各三两……米泔水煮汤，要等它不凉不热时拿它给傻二爷洗发，它有促生毛发健旺之效。这是《圣惠方》，本是太后老佛爷最喜爱的梳头药。总共三味药：榧子，三个，去壳；核桃，两个，带皮；侧柏叶，一两，生用，放在一起捣烂了。切切记住，药引子必须是雪水。千万不能用一般河水井水。要用雪水泡透药末，再用梳子蘸这药水梳发。这核桃的功效在于'润肌黑发'，如果新发赤黄，就在里边多加一个核桃……你能记得住吗？"

金子仙拍着手说："行了，行了，这下神鞭保住了！"他又问道："多少钱，我付！"

冯掌柜虽然软弱，却好激动。他见金子仙这样高兴，又激动起来。摆着手说："分文不取！保住神鞭，也是保住咱祖宗留下的元气。我情愿赠送！"他又另给金子仙抄了两个秘方。一是《老佛爷护发膏》，一是

《老佛爷香发散》。这样，洗梳撒涂的药，全都齐了。冯掌柜嘱咐他，把这药分在几个药店去买，别叫人暗中抄去了方子。医药之道，剽窃抄袭更是厉害。

金子仙心想，自己真是碰上大好人了。千恩万谢之后，便揣起方子快快活活去抓药。回去按方一用，果见成效。这药仿佛藏着神道，不多天，傻二的头发渐渐变黑变亮，仿佛用油烟墨一遍遍染上的。随后就眼看着粗起来，有如春天的草枝。半月后，忽见每根头发都拱出乌黑崭亮的尖子来，好像蹿芽拔节，叫金家父女惊喜得直叫。而且，用药以来，金菊花用新鲜的雪水泡药，拿它天天给傻二梳洗头发，眼看日长三分，过年转春，那一条光滑乌亮、又粗又长的神鞭完全复元了。

傻二耍几下，和先前那条并无两样。

这时候，外边到处传说，傻二没死，也没给洋人运到海外，他的辫子叫油灯烧断了，像秃尾巴鸡一样躲在老丈人金子仙家里，于是就有好事的人，假装到金家串门，包打听。金子仙反而从这些"包打听"口中套出，这些传说竟是打冯掌柜嘴里说出来的。他想，没错！这些话正是自己告诉冯掌柜的。幸亏那天留了个心眼儿，真话没全说，否则人们都会知道神鞭是给洋枪子儿打断的，岂不坏了大事！这真叫他后怕得很。他愈想愈气，直拍桌子，还要去找冯掌柜算账，但沉下心一想，对冯掌柜这种软弱的人，骂他一顿又有嘛用？别看这种人脓包，更坏事。他心中暗道：

"这也应上一句老话：可怜人必可恨！"

傻二宽慰老丈人："何必气呢，明儿我上街一逛，露露面，保管嘛闲话全没了！"

第二天，金家父女陪着傻二城里城外转一大圈。人人都看见傻二，也看见傻二头上耀眼的神鞭，传言立时无影无踪了。看来，谣言不管多厉害，经不住拿真的一碰。就像肚子里的秽气，只能隔着裤子偷偷往外窜。

尽管在外人眼里，神鞭威风如旧，但傻二的心里不是滋味。那天，在南门外洼地上，看不见的洋枪子儿穿肩断辫的感觉，始终沉甸甸压在他心上，高兴不起来。虽然他在众人面前强撑着"神鞭"的功架，"张我国威"的大匾依旧气势昂扬地挂在家中。他五脏六腑总觉得空荡荡，没有根，底气不足。这辫子在头顶上就像做了一个灿烂又悠长的梦。现在懵懵懂懂地醒来，就像有股气从辫子里散了。

近一年来，金子仙的日子不好过。花钱买他的"八破"自来多是遗老遗少，而遗老遗少总是愈来愈少。他每天唉声叹气，不知要念上多少遍"古调虽自爱，今人多不弹"。但不卖画就没饭吃，肚皮常常会瓦解人的硬气劲。他便改用费晓楼的笔法，给活人画小照，给死人画小影。偏偏这时，洋人的照相业传进来，花不多钱，就能把人的相貌神气，一点不差留在小纸片上。洋人的照相术虽然奇妙，却也有缺陷，相片不能大，画像要多大有多大。但没等他发挥画像的长处，排挤照相，跟着打海外又传来一种擦炭画法，把相片的人放大，并且画得和相片一样逼真。这纯粹不叫金子仙吃饭了，气得他大骂洋人，逢"洋"必骂，发誓不买洋货，还把家里一台对时的洋座钟砸了。可是庚子之后，城拆了，没城门，不用按时辰开门关门，鼓楼上又驻扎洋人的消防队，那"一百零八杵"大钟早就停止不打。他便无法知道时辰，只有看太阳影和猫眼睛里那条线了，遇事常常误点。他犯上犟劲，就是不买洋钟洋表，于是就这样一误再误地误下去。

这时傻二与金菊花早搬回西头的家去住，日子却要靠金子仙接济。他见老丈人手头一天天紧起来，再下去该勒裤带了，就对金子仙说：

"我和菊花一直没孩子。辫子功必须传给子孙这条规矩，看来是行不通了。我寻思，一来，总不能把这门祖宗留下的功夫绝了；二来，一日三餐，柴米油盐，没钱不成。反正肚子空了,到时候准叫。我打算开个武馆,教几个徒弟,不知这样做,是不是犯了祖宗?"

金子仙没言语,想了三天,回答他:

"我看也只有这样了。反正功夫没传给洋人,就算对得起祖宗。但收弟子时千万要挑选正派人,宁肯少而精,切忌多而滥,万万不可辱没家风。"

傻二以为老丈人古板得很,这种违反祖宗的事,必定反对。听了这话,自己反倒犹豫起来,害怕祖宗的魂儿来找他。

金子仙之所以同意,还有一个说不出口的原因,就是金菊花不能生育,傻二无后,但如功夫不传外姓,便会生出再娶一房小婆的打算,因此金家父女极力撺掇他开武馆,收徒弟,金菊花还总拿着空面袋、空盐罐、空油瓶给他看。傻二被逼无奈,一咬牙,开山收徒。一时求师的人真不少,他从严挑选了两个,并给这俩取了艺名。姓汤就叫汤小辫儿,姓赵就叫赵小辫儿,待到功夫练成,再称呼大名。傻二还和金子仙商量出武馆的八则戒条,为"四要"和"四不准",由金子仙用朱砂纸写好,贴在墙壁上:

一、要知尊师敬祖;
二、要知忠孝节义;

三、要知礼义廉耻；

四、要知积德累功；

五、不准另拜别师；

六、不准代师收徒；

七、不准泄露功诀；

八、不准损伤发辫。

收徒那天，傻二向祖宗烧香叩头，骂自己大逆不道，改了祖宗二百年不变的规条；但又盟誓，要把辫子功发扬光大，代代传衍。这才是真正不负古人，不违先辈创造这神功的初衷。

其实，他是给事情赶到这一步，不改不成，改就成了。祖宗早烂在地下，还能找他来算账？总背着祖宗，怎么往前走？

第十四回　到了剪辫子的时候

傻二开了武馆，一直教授这两个徒弟。徒弟都是富裕人家的子弟，学艺钱和额外的孝敬，足够傻二夫妇糊口了。他一心传艺，两个徒弟碰上这样难得的高师，自然认认真真学本事。几年过去，一百单八式的辫子功，实打实地学会了三十六式。可是这时候，大清朝亡了,外边忽然闹起剪辫子。这势头来得极猛,就像当年清军入关,非得留辫子一样。不等傻二摸清其中虚实,一天,胖胖的赵小辫儿抱着脑袋跑进来。进门松开手,后脑袋的头发竟像鸡毛掸子那样奓开来。原来他在城门口叫一帮大兵按在地上,把他辫子剪去了。

傻二大怒:"你没打他们? 你的功夫呢!"

赵小辫儿哭丧着脸说:

"我饿了,正在小摊上吃锅巴菜,忽然一个大兵拦腰抱住我,不等我明白嘛事,又上来几个大兵,把我按在地上。更不等我知道为嘛,稀里糊涂就给剪去了。"

"等? 等嘛! 你不拿辫子抽他们!"

"辫子没啦,拿嘛抽……"

"混蛋! 你不懂大清的规矩,剪去辫子,就得砍头!"

金菊花在一旁插嘴:

"你真气糊涂了。大清不完了吗?"

傻二一怔,跟着明白现在已是民国三年。但他怒气依然挺盛,吼着:

"他们是谁? 是不是新军? 我去找他们!"

"眼下这么乱,看不出是哪路兵。他们说要来找您。有一个瘦子还说,叫我捎话给您,他要找上门来报仇。"

"报仇？报嘛仇？他叫嘛？"

"他没自报姓名，模样也没看清。是个哑嗓子，细高挑儿，瘦得和咱汤小辫儿差不多，有一只眼珠子好像……"

正说着，有人在外边喊叫："傻巴，滚出来吧，三爷找你结账来啦！"随着喊声，还有一群男人起哄的声音。

傻二开门出去，只见一个瘦鬼儿，穿着"巡防营"中洋枪队的服装，站在一丈开外的地方，后边一群大兵穿着同样的新式军衣，连说带笑又起哄，傻二不知是谁。

"你再拿眼瞧瞧——连你三爷都不认得了，还是怕你三爷？"瘦子口气很狂。

傻二一见他左边那只不灰不蓝的花眼珠子，立时想到这是当年的玻璃花，心里不由得一动，听玻璃花叫着："认出来了吧，俗话说'君子报仇，十年不晚'。庚子年，那个曾经祸害你三爷的死崔，给洋人报信，叫义和拳五马分尸干了，也算给你三爷出口气。不过，毁你三爷的祸根还是你的辫子。今儿，三爷学会点能耐，会会你。比画之前，先给你露一手——"说着把前襟一撩，掏出一个乌黑乌黑的家伙，原来是把"单打一"的小洋枪。

傻二一见这玩意儿,立时一身劲儿全没了,提不住气,仿佛要尿裤。当年在南门外辫子被打断时的感觉,又出现了。这时,只听玻璃花说声:"往上瞧!"抬手拿枪往天上一只老鹰打去,但没有打中,把老鹰吓得往斜刺里飞逃而去。

几个大兵起哄道:

"三爷这两下子,还不到家。准是不学功夫,只陪师娘睡觉了!"

玻璃花说:"别看打鸟差着点,打个大活人一枪一个。傻巴!咱说好,你先叫我打一枪,你有能耐,就拿你那狗尾巴,像抽戴奎一的泥弹子那样,把我这洋枪子儿抽下来,三爷我今晌午就请你到紫竹林法租界的'起士林'去吃洋饭。你也知道,三爷我一向好玩个新鲜玩意儿,玩得没到家,不见得打上你。要是打不上,算你小子走运,今后保准再不给你上邪活;要是打上了,你马上就得把脑袋上那条狗尾巴剪下来,就像你三爷这样——"说着,摘下帽子,露出一个小平头。

大兵们大笑,在一旁瞎逗弄:

"你叫人家把辫子剪了,指嘛吃饭?人家就指这尾巴唬人钱呢!"

"三爷,你先叫人挨一枪,可有点不够,给他上一段德国操算了!"

"三爷可得把枪对准,别又打歪啦,栽面儿,哈哈!"

玻璃花见傻二站在对面发怔,不知为嘛?一点神气也没有。这样玻璃花更上了劲:"傻巴,别不吭气,你要认脓,就给我滚回家去,三爷决不朝你后背开枪!"一边说,一边把一颗亮晶晶的铜壳的洋枪子儿,塞进枪膛。

傻二瞅着这洋枪子儿,忽然扭身走进院子,把门关上。汤小辫儿和赵小辫儿见师傅皱紧眉头,脸色刷白,不知出嘛事了。墙外边响起一阵喊叫:"傻巴傻啦,神鞭脓啦!神鞭神鞭,剪小辫啦!"一直叫到天黑。大兵走了,还有一群孩子学着叫。

神鞭傻二一招没使,就认栽给玻璃花,真叫人摸不着头脑。外边人都知道,玻璃花在关外混了多年,新近才回到天津,腰里掖着些银钱,本打算开个小洋货铺子。谁知在侯家后香桃店里又碰上飞来凤。原来大清一亡,展老爷气死,大奶奶硬把飞来凤卖回到香桃店,这么一折腾,人没了鲜亮劲儿,满脸折子,全靠涂脂抹粉。玻璃花上了义气劲儿,把钱全使出来,赎出飞来凤当老婆。自己到巡防营当大兵,拿饷银养活飞来凤。他这人脑袋浑,手底下又糙,嘛玩意儿都学不到手。这洋枪是从管营盘的排长手里借来的,没拿倒了就算不错。今儿纯粹是想跟傻二逗闷子，怄一怄，叫他奇怪的是，傻二这么厉害，为嘛连句硬话没说，掉屁股就回窝了？他想来想去，便明白了，使他镇住傻二的，还是这玩意儿。于是他只要营盘没事，就借来小洋枪，别在腰间，找上几个土棍无赖陪着，来到傻二门前连喊带叫，无论他拿话激，拍门板，往院里扔砖头，傻二就是闭门不出。他们拾块白灰，在傻二门板上画个大王八，那王八的尾巴就是傻二的神鞭。这辱没神鞭的画儿就在门板上，一连半个多月，傻二也不出来擦去。他想，莫非这傻二不在家？

有一天，玻璃花在街上碰上赵小辫儿，上去一把捉住。赵小辫儿没了辫子，也就没能耐，好像剪掉翅膀的鸽子，不单飞不上天，一抓就抓住。玻璃花问他师傅在家干吗。赵小辫儿说：

"我师傅早已把我赶出来，我也半个月没去了。"

玻璃花不信，又拉了几个土棍，拿小洋枪顶着赵小辫儿的后腰，把他押到傻二家门前，逼他爬上墙头察看。赵小辫儿只好爬上去，往里一望，真怪！三间屋的门窗都关得严严的，而且一点动静也没有。院里养的鸡呀、狗呀、鹅呀，也都不见了，玻璃花等人听了挺好奇，大着胆儿悄悄跳进院子，拿舌尖舔破窗纸往里瞧，呀，屋里全空着，只有几只挺肥的耗子聚在炕头啃什么。

哎呀呀，傻二吓跑了！

傻二为嘛吓跑了？管他呢，反正他跑了。

玻璃花抬脚踹开门，叫人把梁上那块"神鞭"大匾摘下来，拿到院子里，用小洋枪打，可惜他枪法不准，打不上那两个字，只好走到跟前，在"神鞭"两个字上，各打了一个洞。

第十五回　神枪手

一年，才刚开春，草木还没发芽子，远远已经能够看见点绿色了。南门外直通海光寺的大道两边开洼地，今儿天蓝水亮，风轻日暖，透明的空气里飘着朵朵柳絮。这时候，要是在大道上放慢腿脚溜达溜达，四下望望，那才舒服得很呢！

玻璃花来到道边一家小铁铺，给营盘取一挂锁栅栏门的大链子。他来得早些，铁匠请他稍候一候。他骂一句街，便在大道上闲逛逛，逛累了，在道旁找到一个石头碾子，跷腿坐在上边，看见过路的大闺女小媳妇，就哼哼一段婆娘们哄孩子的歌儿，找个乐子：

小小子儿，坐门墩儿，

哭哭啼啼要媳妇儿，
要媳妇儿干——嘛，
做鞋做袜儿，穿衣穿裤儿，
点灯说话儿，吹灯亲嘴儿。

女人家见他这土瘪模样，不敢接茬儿，赶紧走去。他见道上行人不少，忽然想到要显一显自己才弄到手的小洋货，便打怀里摸出一根烟卷，叼在嘴上，还模仿洋人，下巴一甩劲，烟头神气地向上撅起来。跟着他又摸出一盒纯粹洋人用的"海盗牌"的黄头洋火，抽出长长一根，等路人走近，故意手一甩，"嚓"地在裤腿上划着，得意扬扬点着烟，嘴唇吧吧响地一口口往里嘬，就这当儿，忽然"啪"一下，烟头被打灭，他还没弄清怎么回事，"啪"又一下，叼在嘴上的烟卷竟给打断；紧接着，"啪"帽子被打飞了。三声过后，他才明白有人朝他开枪。他原地转一圈，看看，路人全吓跑了，正在惊讶不已的时候，打开洼地跑来一个瘦瘦的少年，递给他一张帖子说：

"我师傅要会会您。"

他帖子没看就撕了，问道：

"你师傅是哪个王八蛋？"

瘦小子一笑，说："随我来！"走了几步，故意回头逗他一句:"您敢来吗?"

"去就去,三爷怕嘛!神鞭都叫你三爷吓跑了!"玻璃花毫不含糊,气冲冲跟在后边走。

他随这瘦小子从大道下到开洼地,走不多远,绕过一小片野树林子,只见那里站着一个40多岁的汉子,阔脸直鼻,身穿宽宽绰绰的蓝布大褂,头上缠着很大一块蛋青色绸料头巾。他见这人好面熟,再瞧,唷,这不是傻二吗!怎么这样精神?脸上的糟疙瘩都没了,一双小眼直冒光,可是玻璃花立即也拿出十足的神气唬住对方:"傻巴,你是不是想尝尝'卫生丸'嘛味的?"他一撩前襟,手拍着别在腰间的小洋枪啪啪响,叫道:"说吧,怎么玩法?"他拿傻二最怕的东西吓唬傻二。

谁知这傻二淡淡一笑,把双襟的褂子中间一排扣儿,从上到下挨个解开,两边一分,左右腰间,居然各插着一把六眼左轮小洋枪,他双手拍着左右两边的枪,对瞪圆眼睛的玻璃花说:"眼下,我也玩这个了。你既然要玩这东西,我陪着。我先说个玩法——咱们一人三枪,你一枪,我一枪,你先打,我后打。你那两下子我知道,我这两下子你还不知道。我要是不告诉你,那就算我欺负你了!你看——"傻二指着前边,十丈远的一根树杈上,拿线绳吊着一个铜钱,在阳光下锃亮,像一颗耀眼的金星星。

"你瞧好了!"

傻二说着一扭身,双枪就"刷"地拿在手里,飞轮似的转了两圈,一前一后,"啪啪"两响,头一枪打断那吊铜钱的线绳,不等铜钱落地,第二枪打中铜钱,直把铜钱顶着飞到远处的水坑里,腾地溅出水花来。

玻璃花看得那只死眼都活了。他没见过这种本事,禁不住叫起来:"好枪法,神枪!神枪!"再一瞧,傻二站在那里,双枪已经插在腰间。这一手,就像他当年甩出神鞭抽人一样纯熟快捷,神鬼莫测。玻璃花指着傻二说:"你那神鞭不玩了?"

傻二没答话,带着一种莫名其妙的微笑,抬手把头布一圈圈慢慢绕开取下,露出来的竟是一个大光葫芦瓢,在太阳下,像刚下的鸭蛋又青又亮。玻璃花惊得嗓音变了调儿:

"你,你把祖宗留给你的'神鞭'剪了?"

傻二开口说:

"你算说错了!你要知道我家祖宗怎么情况才创出这辫子功,就知道我把祖宗的真能耐接过来了。祖宗的东西再好,该割的时候就得割。我把'鞭'剪了,'神'却留着。这便是,不论怎么变,也难不死我们;不论嘛新玩意儿,都能玩到家,决不尿给别人。怎么样,咱俩玩一玩?"

玻璃花这才算认了头:

"三爷我服您了。咱们的过节儿,打今儿就算了结啦!"

傻二一笑,把头布缠上,转身带那瘦徒弟走了。玻璃花看着他的身影在大开洼里渐渐消失,不由得摸着自己的后脑壳,倒吸一口凉气,恍惚以为碰到神仙。他回到营盘后,没敢跟任何人说起这件事,怕别人取笑他。不久,听说北伐军中有一个神枪手,双手打枪,指哪儿打哪儿,竟说一口天津话,地地道道是个天津人,但谁也说不出这人姓名,玻璃花却心里有数,暗暗吐舌……

/鹰 拳/

一

那时,天津卫的民园球场好比穷光蛋的家。一块黄土地,两个破球门,外边一道围墙,四角留四个口儿,没有门,也算门,踢球看球,出入随便。如果把围墙拆了,球门拔去,简直就是块荒地。别瞧它这份穷相,在40年代天津卫的球场中,还排老大。

这儿是英租界,又叫英国地。外国人好踢球;各国侨民、驻军、水兵,常常一伙一伙到这里来,美国兵的营盘离这儿也近,闲时也来。外国人自恃人高马大,身强体壮,不把看上去弱小的中国人当回事。但往往他们会出乎意料地败在此地中国人的球队"十一友"的脚下。

这"十一友",都是群干力气活儿的棒小伙子,家在球场左近,每每工余,就聚在这里过一过脚瘾。人并不止十一个,由于赛球时规定上场必须十一人,所以叫作"十一友",表示知己朋友,一个心气儿。他们打小在这里一起玩耍长大,相互要好,配合极熟,个个练就漂亮的脚下功夫。这中间有哥儿俩姓孟,瞧他俩踢球不比看李万春的猴戏差。不单踢得巧,又骁勇无比。大概球迷们把他俩的姓儿听差了音,都叫"大猛"和"二猛"。当他哥儿俩凭着花哨又扎实的脚底功夫戏耍那些大个子外国人时,四周观战助阵的中国人便扯着嗓子起劲叫好,仿佛把平日在租界里受洋人那些窝囊气,在这喊叫声中,也痛快地发泄出来了。

　　球场四边没有看台可坐。逢到这种球赛,边线外边都密密麻麻站满了人。卖风糕、药糖、爆肚儿、杨村糕干和炸豆腐的,都把车儿、挑儿、架儿弄进去,一时热闹非凡。但是,哪怕球场里闹翻天,围墙一角,却有一位老者,好像聋子,充耳不闻,面壁而立,聚精会神地打拳。别看他不向球场抛一眼,人们却常常把目光丢向他那边。到这球场来练拳习武的人并不少,为嘛偏偏他这么惹眼?

二

　　单看他的相貌就卓然不群。
　　六十大几的岁数,背不驼,颈挺腰直,板子一样硬朗。一件爽利的灰布长衫套在他瘦小的身上,翻过来的袖口露出雪白里子,乌靴净袜,黑白分明,干净利索。瘦巴脸儿,圆框眼镜,镜片后面一双眼睛像年轻人那样亮堂有神。下巴蓄着一绺胡须,捋得顺顺溜溜。有时,打过拳,身子热了,脱下外边的长衫搭在胳膊上,身上只穿一件对襟的"什锦白"褂子,白衣映衬红润润的脸,好比白云托着红日。谁见过这么爽健透亮的小老头儿?更惹人注目的是,他的拳法隔路。打起拳来,身子好比一只鸟儿,两条胳膊像老鹰翅膀,缓缓扇动,一起一落,柔里带刚,好像拍着翅膀,翱翔太空一般;忽儿又耸肩缩颈,仿佛要袭击奔突在地上的走兽,真是又美又带劲!这叫哪路拳法?有位眼界开阔的人说,这叫"鹰拳",又叫"鹰爪掌"。别瞧他动作柔美,碰上就不得了。不信,看他的手——五指钩曲,真像一双鹰爪子,手背上筋络外突,似有奇力。若非内功深厚的人,甭想练这套拳。鹰拳,又是渊源何处?人说少林拳中有龙虎豹蛇鹤五种拳式,这鹰拳是否从鸟拳里演化出来的,还是像40年前的义和拳,属于旁门左道的独家拳术?

对谁好奇就琢磨谁。有些人在老者练拳时,站在一旁搭讪,想探问其中究竟,老者却逢人不理。他两个月前才到这儿打拳的,天天准时。若非清晨,就是下响。来到这儿打一趟拳便走,从来不拿眼睛瞧人。好怪僻!可是高人都有点怪脾气。这位老者是打哪儿来的呢?谁也不认识他,问谁去?

有个叫锡五的小子,常在球场闲逛。他家里有钱,不用做事,闲得慌,家门口守着球场,没事就来玩玩。好喜拳脚,却没长性,杂七杂八的朋友一大群。朋友多,耳朵灵,天底下的事,无论好坏他都知道。不知他从哪儿打听到这老者的来历。

据说这老者是河东陈家沟人。以前天天在海河边打拳,功夫出奇,人说他一口气儿能把杨树尖上的老鸹窝吹飞了。别以为这话悬了,还有人说"亲眼见过"呢!

如果再听听,他从海河边挪到这儿打拳的缘故,那真成了传奇小说了!

陈家沟有个船夫,名叫滕黑子,在南运河使船,性子愚鲁,有些蛮力。前年行船到静海,为点屁事和一群汉子打起来,虽然力大,以一对十,渐渐不支,眼看就要吃亏。幸巧旁边一条船的艄公来帮他,只拿一根篙竿,就像用草棍拨弄蚂蚁似的,轻描淡写便把那群汉子赶跑。滕黑子认准这艄公是位异人,要向艄公拜师求艺,艄公不允,他就面对艄公的船,在泛着碱花的河滩上跪了三天三夜,直把膝盖跪进泥里。艄公受了感动,把他带走。一年后,滕黑子回到陈家沟,继续使船,兼给怡和洋行运货。五百斤的大麻包放在一丈长的条凳上,滕黑子练的是形意门中的蹦拳。俗话讲"太极四年不伤身,形意一年打死人"。他得了真传!从此,大伙一捧,滕黑子气儿也粗了,居然当众说出狂语来:

"在海河边打拳那老头来了,也管叫他走着来,爬着回去。"

这话立即像一阵风吹到鹰拳老者耳朵眼儿里。有人就挑唆老者去杀杀滕黑子威风。这位挑唆者不过想看看两雄相斗,谁更厉害。但老者只是笑,不肯去。滕黑子知道了,以为老者惧怕他,无形中好似自己的本事又长出三分。河东陈家沟就成了他的天下,走路时两条膀子像黑熊那样支楞开,步子都往横里迈。厉害的人,愈不讲理气儿愈顺,日子一久,便不免生出几分霸气来。天津城有名的青帮头子袁文会知道了,竟然要亲自登门邀请滕黑子入会,壮壮帮会声威。陈家沟人听了个个害怕,倘若滕黑子加入帮会,一面为虎作伥,一面如虎添翼,就成当地的一害了!可是,滕黑子要和袁文会勾手,谁能拦住?

这当口,一天傍黑,那鹰拳老者穿得干干净净,只身到他家串门,进去不多时候,滕黑子把老者客客气气送出门来。转天一早,滕黑子家居然空了,据说天亮前滕黑子把家搬到船上划走了，划向哪里，没人知道。

滕黑子离家出走的事，肯定与鹰拳老者有关。但是，老者用嘛法叫这个不可一世的滕黑子乖乖离去的？显然露出了真玩意儿，把滕黑子镇住降服。但谁也没瞧见，只是揣摩。武林高手的真功夫是不轻易叫凡人瞧见的。所谓"真人不露相，露相非真人"。这事一传开，老者声名大震，登门求教者不绝。老者闭门谢客，深居简出，也不去海河边打拳了。日子一久，又怕搁软身子，就躲到英国地来练。

——锡五的话向来有虚有实，人们不信也信。

说法能改变看法。于是这老者在人们眼里顿时变得神奇莫测。人们不时瞧他一眼，是巴望看到他露出一手什么飞檐走壁、捏铁成泥、刀枪不入的绝招来。谁知，时过不久，这种奇想居然真的得到满足啦！

三

六月初，天热起来。民园球场忽然来了二十多个外国大兵。蓝眼、红脸、黑胡子，嘛样都有，全像水牛一般强壮。其中一个又高又黑，下巴满是打卷儿的胡子，远看像口大黑水缸。他们骑车，双手不扶车把，怀里抱着啤酒、罐头、拳套、足球,连喊带叫进了球场的西南门。一进门,双脚一扬,屁股一抬,从车上跳下来,车子自个儿照旧往前走,然后乱七八糟砸在一起。他们把东西往地上一放,跑进球场一通乱踢,直踢得大汗淋漓,便找块阴凉地,横躺竖卧,打开酒和罐头,胡吃海塞,野性撒尽,便把车子提起来,往大胯下边一塞,一窝蜂走了。人们从来没见过这伙外国兵,既不像当地的英国兵,也不像是营盘那边来的"大老美";有人说这是德租界那边来的德国兵,也有人说是从海外来的,临时上岸歇假的荷兰水兵。

这伙外国兵天天来。一天,"十一友"也来练球,两边语言不通,用手一比画就明白,马上开赛。外国兵人高马大,能冲能撞,脚头也猛,但脚下的功夫却不如"十一友"。今天孟家哥儿俩都来了。大猛打中锋,二猛打左边,哥儿俩三传两递,球儿神出鬼没,上半场一连往外国兵大门里踢进三个。那时候,踢球更讲究个人的能耐。大猛在禁区里,就像赵子龙在长坂坡前曹军中厮杀,如入无人之境。几个外国大兵都守不住他,眼看球儿在眼前滚来滚去,脚头沾也沾不上。那个大胡子外国兵动了火气,朝大猛那小腿的迎面骨狠踢一脚。"咔嚓"一响,大猛立时栽倒地上,翻了两个滚儿,便昏了过去。

二猛和"十一友"的哥们儿冲上去就要和这大胡子干仗。当时租界里有条规矩,中国人只要对外国人一动手,不管有没有理,伤不伤人,抓起来就拘禁三十天。那天,锡五在场外看球,见到这情景,赶忙跑进场把二猛他们拦住,说:

"这里不是和洋人打架的地界。别吃了亏再吃官司,你们的大猛还昏着呢,还不赶快抬走看大夫去!"

"十一友"中有人说:

"锡五这话是向着咱哥们儿的。咱们先把人抬走,明天再来算账!"

大家面对着这伙踢伤人而依旧气势汹汹的外国人,强咽下一口恶气,把大猛抬回家。二猛借辆三轮车,飞一般蹬到南营门,把正骨的圣手苏小千请来。

苏小千舒筋正骨的本事,津门第一。混混儿们打架折了胳膊,武生翻跟斗不小心把脑袋戳进胸膛里,练把式的人失误拧了大筋,都来找他。如果摔断了骨头,叫哪位"蒙古大夫"接错了位,他能砸开重来。但苏小千一捏大猛的腿,眉头皱起一个核桃似的肉疙瘩。他说:

"这条腿断了!咱可有话在先,接上也得短一节。以后好了,干点别的还行,甭想再踢球了!"

"那不瘸了吗?"二猛急得大叫一声。

苏小千没言语。

"十一友"的几个球员以为苏小千用这话挤着他们多出钱。这群棒小伙子掉着泪对苏小千说：

"苏大夫，只要您给大猛接好这条腿，我们哥儿几个倾家荡产都干！"

没想到，苏小千一听，骤然变色，口气又冷又硬：

"干吗？你们以为我姓苏的拿着人家的断腿讹钱吗？我还没那份德性！告明白你们，这腿不单断了，中间的骨头全都碎成渣子。算我姓苏的没能耐接好这条腿，你们另请高明吧！快把我送回去！"

小伙子们这才知道错怪了苏小千，忙向苏小千赔不是，说好话，又沏茶，又去买烟。很快就买来一盒"红锡包"。

苏小千烟茶不动，把大猛的腿接好，分文不要，任那小伙子强塞软求也不肯接，只叫人把他用车拉回去。

大概苏小千天天和骨头打交道，身上也有几分骨气。大猛的腿废了！苏小千没办法，老天爷也没办法了！

二猛一夜没睡，眼瞧着哥哥那条叫人踢折的腿，上下牙磨得咯咯响，叫人听了心寒，吓得屋里的老鼠一夜也没敢出窝儿。

第二天，二猛和"十一友"抱着球去民园球场，正巧那伙外国兵又在那里踢球。他们脸上没挂样子，就要与外国兵赛球。

这伙外国兵见他们当中没有大猛，显得挺高兴。球赛开始，"十一友"的球员们，无论谁得到球，都传给二猛，二猛带着球直奔仇人——那个大胡子的外国兵而去。大胡子一时没弄明白，这小伙子为嘛这样做，在足球场上，球员得到球都要尽量闪开对方，哪有带球去找对方的道理？他哪里知道，这小伙子与昨天被踢坏的小伙子是哥儿俩！

大胡子见二猛上来，就迎上去封堵和争抢，二猛只在他眼前遛来遛去，不时来个"过档"，把球从他两腿中间穿过，就是不叫他得到球，也不把球带走。二猛拿出真本事，赢来场外一些喝彩声，人们却不知二猛的用意。不会儿，大胡子给遛得蒙头转向，他又使出昨天的故技，朝二猛小腿踢来，二猛早有防备，闪过去了。大胡子依旧得不到球，急得大叫起来。这当儿，他见球滚到面前，赶紧使劲往前一伸脚，球却没了，人失去重心，"哧溜"一声滑倒在地，就在这一刹那，二猛把球勾到脚下，照准大胡子的脸，使足劲儿"啪"的一脚，登时踢个满脸花！大胡子捂着脸，爬了几下才爬起来。手一放开，破鼻子破脸，吐口唾沫，还带出两颗牙来！

球场立时乱了。外国兵把二猛围起来就要动手。

"十一友"的弟兄们都争着挡在二猛前面。这时那大胡子大吼一嗓子，上了野性。他脱下背心，露出一身结实邦硬、又黑又红的肌肉，当胸一片乱草似的浓密而打卷的毛，胳膊上刺着一个"锚"的图案。还真是水兵！水兵力大，人也蛮。他用背心把脸颊嘴角的血污抹了两下，叫人拿来两副皮拳手套。自己戴上一副，发红的眼睛一直怒冲冲盯着二猛。拳套戴好，他把另一副递给二猛，示意要比拳决斗。

二猛拿过拳套往地上一扔，脸上的神气毫不示弱，并且带着一股依然没有完全发泄出来的怒气。看来两人有场恶斗。四外，"十一友"的球员、外国兵和一些看球观众，已经围了一大圈。锡五也夹在中间。中国人都恨不得二猛给这蛮横的大胡子点厉害瞧！但这大胡子比二猛高一头，二猛是对手吗？

大胡子右拳护胸，左拳向二猛点了两下，是种试探和挑衅。二猛看准大胡子半边脸，一拳猛捣过去。没料到，外国人的拳术自有高明之处。大胡子用左拳把二猛的来拳一压，跟着护胸的右拳干脆有力地打在二猛的脸颊上，二猛脑袋"嗡"地一响，眼前冒金星，整个身子竟给打得扭向一边。要不是他身子壮，这一拳早趴在地上。他脑子还清楚，努力使自己稳住，扭身一看，占了便宜的大胡子正得意地向自己挥拳挑战。

他感到脸上火辣辣，不知是挨了一拳的恼羞之感，还是心里的火气蹿上来。

他不顾一切冲上去，硬朝大胡子一口气打了七八拳。别看这大胡子人高马大，身子笨重，躲闪极快。他把二猛这些只有力气没有路数的拳头，有的隔开，有的闪过，没挨一下。二猛只顾没头没脑地蛮打，没有防备对方，忽然，只觉得胸膛一热，腿一软，几乎向后栽倒，不知谁的手在后边撑住他的腰。他感觉胃里翻江倒海，恶心要吐，胸口憋闷，喘不上气来。原来他胸口挨了大胡子闪电般一下左直拳。他再想扑上去，却感觉身上没力气了！大胡子神气起来，挤眉使眼向他挑逗，他又气急恼火，又力不从心，略略有些迟疑。他不会外国人的拳术，不是对手！那群外国兵见此状哄然大笑，哄笑声刺激着二猛，他两胳膊发抖，脸发烧。

不行！他还要打！四围的中国人可就为这不怕死的小伙子捏把汗了！

这时，锡五上来拍拍二猛的肩头说：

"算了吧，二猛，你不懂洋拳，净挨揍！忍气饶人祸自消。"

谁想这话没给二猛泄火，反倒添火。二猛将锡五往旁边一推，"刷"地把外边的粗布小褂，带着一排疙

瘩襻儿从中扯开,脱下来一扔,赤着臂膀,嘴里骂出一声:

"今儿跟这王八蛋拼了!"

锡五无可奈何退到外边。在他眼里,二猛纯粹是送死了!

二猛刚要上前,忽见眼前站着一个人,干瘦矮小,一件灰布长衫,却背朝他,面朝着那大胡子。他竟然不知道,这人是嘛时候站在自己身前的?难道是从天上掉下来的不成?他是谁?

他上前扭脸看看这人面孔,清癯容貌,一缕白须,鼻梁上架着圆框眼镜,这不是天天在围墙根儿练拳那老头吗?他来干吗?只见这平素面无表情的老者,此刻却笑吟吟指一指那大胡子,又指一指他自己,怎么,难道他要替二猛挨几拳,那怎么成?

二猛想拉开老者,没料到这老者好像一棵在地下扎了根的大树,扯两下纹丝不动。二猛正纳闷,那大胡子带着几分睥睨神气,摇摇晃晃、漫不经心走到老者面前,说了两句谁也不懂的外国语,意思大概是:"你这身老骨头不想要了?"

跟着用左拳头戏弄般地点了点老者的右肩,他并不想打,不过想把这不知轻重的老头吓走罢了。就这时,神不知,鬼不觉这拳头已经被老者的右手抓住。

这老者嘛时候抬起手来,谁也没瞧见。站在人群中谙通武艺的人,一见这老者出招神速,便知今天有场千载难逢的好戏看。

更稀奇的是,那大胡子的拳头怎么也收不回去了。老者又细又黄的手指,像鹰爪抓着兔子,紧紧罩在大胡子的拳套上。皮面的拳套又滑又软又大,怎么捏得住?大胡子用力往回扯了两下,老者的掌心仿佛有股强大吸力,把他的拳头牢牢吸住,动弹不得。大胡子怒了,挥起右拳打老者,老者却从容地用手里捏着的拳头去挡,大胡子的左拳反都打在自己的左胳膊上。

这景象叫四周的人看呆了,也叫二猛看呆了。

大胡子硬来不行,便面带窘意对老者说了句话,可能是句软话,因为口气十分轻柔。老者不搭理他,捏着他的拳头也不撒开,只笑吟吟瞧着他。这笑,就像充足的酣睡后醒来的笑。

一个机灵的外国兵上来,给大胡子解拳套,好使大胡子的手从拳套里抽出来。就在这时,老者突然手一甩,好像用手轰赶苍蝇那么轻松又飞快地甩一下,把大胡子的拳头甩开,并使大胡子的身子不能自禁地转了多半个圈儿。老者乘机转身拉着二猛往人圈外边走,一边说:

"老几位,劳驾闪开点儿,让我们出去!"

围观的人闪开一个口儿,老者带着二猛走出去,人圈里只剩下大胡子一人,两眼发直站着,一动不动,半天说不出话来。几个外国兵上来对他说话,他也不理,好像傻了一样。过一会儿,他忽然一声大叫,抱着左拳头一头栽在地上,满地打滚,"呀呀"叫个不停,直滚了一身黄土。外国兵们弄不住他,便一齐上去,像杀猪那样把他按住,摘下他的左拳套,众人一看,不禁大吃一惊。这只手竟像煮烂了的鸡爪子一样变了形。手骨头全给捏碎!外国兵这才想起那老者,但老者早不见了,二猛不见了,"十一友"也都不见了。这些外国兵瞧着大胡子不成样的手,一时惊骇得说不出话来。拳套好端端,却隔着拳套捏碎手骨,这在海外,恐怕连听也没听说过吧!

四

自打民园球场出了这桩事,一阵子场内冷落。踢球的少,练武的也少了。租界的巡捕局到处寻找那位鹰拳老者。他们费了牛劲,只找到几个"十一友"的球员,无人知道老者姓甚名谁,家在何方,连二猛也不知道。从此谁都没见过这位奇罕的老者。想起这人,就像随风而来、乘风而去一般。

过一年光景，锡五去逛城北的北大关，肚子饿了，忽然想到这里的耳朵眼炸糕松脆好吃，便钻进耳朵眼胡同去买炸糕，只见迎面走来一位矮小老人，红颜白须，戴副镜子，硬朗朗挺着腰板，手托一张油乎乎的纸，上边放两个刚刚炸出锅、鲜黄冒油的炸糕。锡五就在和这老者一进一出、相错而过的当口，觉得这老者好面熟。锡五为人散漫，脑子不笨，他马上想起这老者是谁，转身追上去，叫住老者，客气几句过后，非要拜这老者为师不可。这老者灼灼目光从眼镜片后边射出，直问他：

"你怎么认得我？"

"我在英国地的民园球场见您把一个洋兵的拳头捏碎了。我略通些武艺，知道您身上的功夫，是独家本领。为了向您拜师求艺，我到处找您，跑了一年冤枉腿，今儿总算把您找着了！您无论如何也要收我做徒弟，弟子心诚，情愿给您家先挑三年水。"

老者看他片刻，忽然板着脸说：

"你认错人了，我活这么大年纪，还没去过租界呢！"

"老人家——"锡五说，"您是正经人，怎好骗我？我亲眼见过您。您在英国地的民园球场练了两个月，我天天站在远处看您练拳，哪能认错人？您是不是信不过我?"

老者听罢,又瞅瞅他,脸上微微挂点窘意,改了口认真地说:

"我实话对你说,武术有真假。假的强身健体,练练无妨;真的伤人害命,心不正,反成了邪术。故此我这点玩意儿,向来不传人。我一辈子没使它伤过人,原想把它带进棺材,谁知到老反伤了人。这是给事情挤到那儿,不能不露一手。不过想叫毛子们知道,咱中国人也有绝活罢了!小伙子,我这点玩意儿没教你,心里的话可全都告诉你了。你记着照样有用……"

"老人家……"锡五还想软磨硬泡。

"我该说的都说了,再说就是废话了!"

老者说完,扭过身,手托着炸糕,顷刻走进北大关乱哄哄的人群里。

/奇人管万斤/

一

船舷离着岸边还有六七尺远,柳眉儿把气一提,脚掌离开船板,张开双臂在空中款款扇两下,轻轻落到湿乎乎的泥岸上。几十斤重的半大小子,跳在这软泥上,脚尖居然没有陷进去。姿态美妙,活像一只雏鹰降落。引得在岸边歇脚的脚夫们一阵喝好。这小子身上有能耐!

柳眉儿回头望去,师父站在船首笑吟吟带着几分赞赏地瞧着自己。他忙朝师父点头打招呼,意思叫师父也飞身上岸,露出更漂亮的身段,让岸上那群傻老爷们儿见识见识。但师父弯腰拿起一柄刀和一杆枪说:

"连家伙也不要,都当了船钱,留在船上了?"

岸上的脚夫们呵呵笑了。柳眉儿以为这群傻老爷们儿笑话自己,有意再亮出身手镇一镇他们,一拧身子就往船上蹿,谁料这软泥地吃不上劲儿,足尖一用力劲儿泄去一半,可是身子已经腾起,离着船板还有两尺远就落下来,眼瞧着要落到水里去。他心里一慌,刚要呼喊师父,那船板居然"刷"地过来跑到他脚下,使他正落在上边。抬头一瞧,正瞧着师父下巴的乱胡茬子,师父见他跳不上船来,顺手用铁枪当篙竿一撑,船板迎上来,刚好接住了他。这时,岸上的脚夫们大声叫起好来,他们虽没见师父的能耐,但师父这股子随机应变的机灵劲儿就够服人的!

师徒俩下船上岸,来到天津卫。天津卫可是个大地方。那时行旅不便,河北一带闭塞的乡民,心里就有两个大地方,一是北京城,一是天津卫。靠着一些见过世面的人传说,印象中,京城里住着皇上太后,一二三品头顶花翎的大官,宫墙高得鸟儿都飞不过去;天津卫住的净是黄毛蓝眼的洋人,还有黄金多得比黄土还多的大买卖人,吃穿讲究,满街都是大铺子。今儿,柳眉儿随师父打城北估衣街上一走,这天津卫可比他听的和想的还要大得多,花哨得多,阔气得多。说那临街铺子里千奇百怪的东西见也没见过,单是门脸那些各色各样、五花八门的幌子,就叫他一双大眼不够用的。从大街两旁的饭铺里还冒出各种香味,争着抢着往他鼻眼儿钻,可惜他只有两个鼻眼儿,来不及分出每一种勾馋虫、引口水的香味儿。

虽说柳眉儿是乡下孩子，头次进城，又是来到天津卫这个花花世界，但他没一点怵劲，心气儿反倒挺高。自打师父说要带他下一趟卫，卖武赚钱，他就憋足劲儿要到这大地方显显威风。此时，他瞧着大街上走来走去的人，全是不中用的废物。有的太胖，一身累赘肉，大概都是整天卧在酒海肉山里，不活动，蹲膘儿，身子重得离不开地面，只要他晃几下，保管他们蒙头转向；还有的太瘦，甭说他发一掌，苍蝇也能把他们撞倒。总之这大地方，玩意儿多，专糟害人。再有那些不胖不瘦的，一看就知身架子没功夫。他心想，别看我和师父旧衣破裤，身上没一样像样的东西。只要把功夫往外一使，嘿嘿，嘿嘿……

师徒二人来到东北城角。这地界，真豁亮。城角正对着河口，几条河远远流来，汇成一条又宽又急的大河。河上的桅杆像高粱地的高粱秆子那么密。这边的空场子上，挤着许多小摊，卖吃的、用的、穿的，还有修理雨伞、锅盆、眼镜、烟袋、帽翅，以及缝衣和补鞋的。靠城根的河沟子边，还有些撂地摆摊的，算卦、卖药、鬻字、剃头拔牙变戏法，再有便是打把式卖艺的了。柳眉儿到几处卖武艺的一看，嘴一撇，更想马上就喊两声："看呀，真本事的在这儿哪！"耍一套拳脚和刀枪，显示显示。尤其他想亲眼看着自己最钦佩的师父在这里一鸣惊人。

柳眉儿见左边古柳下有块场地,空空的,只有一个人蹲在那儿,一条胳膊从头顶弯向后背,将手从领口伸出去,像在抓痒捉跳蚤。柳眉儿奇怪,左右都摆满小摊,为啥这里没人,难道专为他们师徒预备的。他对师父说:"咱就在这打个场子吧!"说着过去对那个人说:"哎,劳驾闪开点儿,我们在这儿练练。"

这人一抬头,吓了柳眉儿一跳。倒不是模样长得多么狰狞,而是一张瘦得只剩下皮包骨的青巴脸上,一双小眼睛里射出的凶光,就像碎玻璃碴闪出的,尖利刺人。要是叫一般十二三岁的孩子看见,保管吓尿了裤。但柳眉儿哪是一般孩子,凭着自小练武,身上有功夫,更有武功盖世的师父在身边,没他怕的。

瘦子拿眼瞅着柳眉儿,伸向后背的手抽出来,又撩开前襟抓肚皮,分明没把柳眉儿当回事。柳眉儿走上一步才要说知,师父一旁早全瞧在眼里。拦住柳眉儿,对这瘦子抱着拳拱拱手说:"这位大哥借点光给我们爷儿俩。我们好歹练练,赚几个子儿,还得填肚子呢。您听,这肚子直叫呢!"说完朝瘦子又呵呵笑。谁料这瘦子听了,并不动,反对师父说:"我肚子也叫,也指着在这地界赚两个钱。"然后扭头看别处,根本不搭理师父了。

柳眉儿恼起来，师父却对这瘦子说："这么办吧，你把这地界先借我们用用。只要我们赚了钱，分你一份，我们吃饱，也不叫你饿着成吧！"

那瘦子尖利的目光把师父从上到下打量两遍，冷冷地说："这还是句话。"站起来，趿拉着鞋，走到柳树底下蹲着去。

柳眉儿说："师父，您干吗对他这么客气？不给他点样子瞧瞧。"

师父忽然板着脸对柳眉儿说："临出来时，我怎么嘱咐的你？天津这地界不比咱乡下，成帮结伙，藏龙卧虎。咱是到这弄口饭吃，不是招事惹麻烦来的。你别小看这瘦子，从他眼睛看，身上功夫还不错。"

柳眉儿见师父不高兴，不敢多嘴，心里却很不服气。心想师父怎么进了天津就见傻？在乡下，方圆百里，练功夫的人不少，谁对师父都恭恭敬敬。连前年从德州来的戏班子，那个扮蒋平和刘利华的武丑刘九奎，跟斗翻得让人叫绝，出手像闪电那么快，同师父交一交手，没过几招，就说："可着德州那一片，没见过这种身手。"今儿师父居然说这瘦子有本事，怪！瞧他那无赖相，和前村那个小无赖孙三多像！

这时，师父拿着铁枪走了一大圈，就用枪尖在黄土地上画了一个大圈圈儿。然后把枪往地上一剁，脱下外边的褂子往枪上一挂,不用吆喝,立时有些看热闹的人就围上了。柳眉儿见这么多人围上来,高兴起来。师父叫他练一套,他应了"好",立即跳到场子中央,干净利索打了一套形意拳。他师父所传的拳法,尤为注重形体姿态,举手投足,如同写字的钩撇点捺,翩然有致,比戏台上武生打得还好看。柳眉儿初次在外乡当众演拳,要好的心很盛,打得颇卖力气,每一拳,都送到头,不肯半点疏懒。打完这套拳,收式站稳,立刻招来四周一片喝彩声。轮到他师父耍了一趟单刀,那一招一式,真比画得还好看。刀光人影,上下翻飞,里外包裹,一会儿刀光裹人影,一会儿人影裹刀光,周围看热闹的人的喝好声已是不住地叫喊。叫喊声招来更多的人,人多喊声愈发大。柳眉儿忽见刚才那瘦子仍旧蹲在那里,根本不抬头看。似乎只等着分钱呢!不觉一股气涌上心头,心想我们师徒卖力气,你想白拿,哪有这好事,等着瞧吧!

天津卫到底是大地方,会看玩意儿。人们见师父耍过刀,不等他张口,就往场子里扔钱,柳眉儿忙摘下瓜皮小帽。师父不住向四周看客道谢。待柳眉儿把地上的铜子拾净,居然煌煌盖住帽里。这时,忽然一只手重重撂在柳眉儿的肩上,说:"小子,咱们可说好赚了钱大伙儿分。你们别像放屁,放完了就算完了!"

原来那瘦子站在面前，神气分外凶横。

柳眉儿早跟瘦子怄气，见他反来找上自己，就要反唇争辩，师父忙抢上来说："这位兄弟，我们乡下人讲实的，说话不能不算。你看着拿，剩下的归我爷儿俩，只要给我爷儿俩留下买几个烧饼的钱就行。"

瘦子哈哈一笑。手一撩，"啪"地把瓜皮帽打上半空，帽子里的铜子也闪闪发光飞上去，又哗哗落在地上。"这几个臭子儿还不够你七爷塞牙缝的呢！再说，你七爷还有一帮兄弟，打昨儿晌午就没吃饭，你看怎么办？"说着，从圈外走进几个青衣皂褂的汉子，高矮胖瘦都有，有的把小辫盘在顶上，有的垂在脖子后边，个个模样都不善。

柳眉儿没见过这阵势，师父可是听说过，这些都是天津卫出名的土混儿，绝对不能招惹的，便强压着胸中的火气，脸上掬着笑说："这位大爷，您先别生气，我们是静海那边人，头次下卫，这里的规矩全不懂得，有哪点冒犯您，您自管说，怎么说我怎么做。"师父已经改口称"你"为"您"了。

瘦子听了，结冰似的一张脸，没有半点开冻的意思，冷言道："我一看就知道你俩是一对土鳖！但你们为嘛不先打听这块地皮是谁的？是你黄七把——黄七爷的！你不但不问明白了，来了就先撵我，还拿着枪尖在我的地皮上乱画圈。这就是往我脸上画。成心戳我的脸吧!好!你不说怎么办吗?你们俩先趴下,伸出舌头给我把这土地上画的线舔去!"

这几句横竖不说理的话,就把师父的火全勾了出来,忍不住说:"您这不是想糟蹋我们爷儿俩?"也分明显出不服气的样子。

这话刚说出来,瘦子便叫道:"好啊,就凭你这架子花,也想在天津卫的码头上站住脚,今儿给你开开眼!"说着两手抓住左右襟向两边"刷"地一扯,先把外边的青布褂子扯下来,露出一件白洋绸小褂。他把两手往后一背,两脚已经摆个"丁"字,拿出打架的架势。要看现在这股神气,可跟刚才蹲在那里抓跳蚤的无赖相全然不一样了。师父要教训他一下子,脸一沉,拱拱手,说:"请吧!"侧过身子两臂自相用力一撞,加倍显出精神来。瘦子并不先动手,而是倒背双手,拿话激师父:"你有种,就先来!"师父气了,猛然一箭步跨上去,瘦子还不动劲,师父的手刚刚够到瘦子的前胸,这一招柳眉儿看得真切,叫作"黑虎掏心"。动作雄美而凌厉,快如迅风。眼瞧着瘦子要吃亏,这一手只要掏上,至少连皮带肉要抓下来一块。可是瘦子一晃身子,两个人影立即混在一起,嘭!不知谁撞了谁,一个人重重摔在地上。柳眉儿一看,呀,摔在地上的竟是师父！瘦子居然还倒背着手，大模大样站着，好像什么事也没有，在闲逛大街。瘦子那一伙人可大喊大叫，为瘦子喝彩助威。

只见师父在地上双膝往上屈，膝盖几乎顶着下巴，只翻一个身，脸朝上，腿就松下来，再一蹬，不再动劲儿。待柳眉儿扑上去，师父的鼻孔和嘴角都溢出鲜血，紧闭着眼，竟然断了气！柳眉儿不明白以师父这高超的武艺，何以刚过一招就丧了命。瘦子始终倒背着手，他怎么将师父打死的？肯定暗下了毒手！柳眉儿跳起来大叫："瘦鬼！你使唤暗器害死我师父，我和你决一雌雄！"

瘦子干笑两声说："你师父那点样子活，还用得着使唤家伙。你没瞧我捆着两只手，他就完了？"

柳眉儿听他辱没师父的武艺，比害死师父更令他愤怒。他叫声："接招，瘦鬼！"漂漂亮亮给瘦子当胸一拳，瘦子把胸一挺，拳结结实实打在瘦子胸口上，跟着第二拳、第三拳……连珠炮一般打去，他把胸中的怒火泄在瘦子身上。

他只顾打，也没见瘦子倒下。捶了一阵，耳边只听瘦子的声音："我让了你七七四十九拳，该叫你尝我这'阎王腿'了！"

忽然柳眉儿觉得一阵风，也觉得一团影子从左边扑来，但，这决不是瘦子打来的，瘦子在对面，这劲来自左面。是不是瘦子那帮人从旁下手？没等看清，他的腰被一股力量托起，整个身子也托起来，又好像落在什么高高的、又软又硬的东西上。跟着就一下子离开原处，身子像鸟儿一样快速飞去。他并不感到哪儿挨了一下，也不疼，定神瞧，只见自己早和瘦子及那群人飞快分开。瘦子朝他叫着："追，别叫他们跑了！"这时，他才明白有人救他。在瘦子朝他下手前的一瞬，把他抄起来扛在肩上救出来。是谁？谁有这样奇异超绝的本领。他觉得这人轻功极好，力量奇大。他耳边只有风响，眼前一片虚影掠过，如同腾云驾雾，悬空飞行一般。他怀疑自己在做梦。

"你要把我弄到哪儿去？我要为师父报仇！我不想活，我要拼命！"柳眉儿在这人的肩上叫着。

任他怎么叫，怎么闹，怎么哀求，这人也不理他。他就用力挣脱，待他闹得厉害，这人在他腋下戳一下，只觉浑身酸麻，没力量喊叫了，只好任这人扛着走。走了许久，不知这人往何处一跃，他眼前立刻变得一片漆黑，只闻得一股浓重的腥味。原来，是一只小渔船的船舱。他被放下来，船里黑暗，一时看不清救他的人的模样，黑乎乎只当是一个大汉子。他又叫起来："你放我回去，我不能撇下师父。"那人怔了一下，忽然扑上来把他按倒，将一团布塞进他口中，又用根精麻绳把他的双手双脚全部绑上。虽然他有功夫，但在这人手里没半点用途。刚一动招，给那人随手化解，跟个没功夫的普通人一样。

　　这人捆好他，撩开舱帘就走了。他真不知这人是救他还是害他了。如果救他，把他弄到这里反要捆他干什么？莫非是个人贩子，还是在乡里就听说过，天津卫专门有挖孩子的眼珠和心肝给洋人去做洋药的。他不能等死，要死不如和师父一块死。他想到师父刚才惨死的情景，和多年来养他成人，传授武功的种种亲切往事，就决不能在这儿像要活宰的牲口一样被人捆着。他叫都叫不出来，挥拳也丝毫挥舞不动。急得他胸中有团火乱撞，一下子撞上脑袋，登时脑袋一热，眼一黑，就没有知觉了。

二

　　这屋子好静。柳眉儿醒来时，真像死而复生那样。他睁开眼，先看见黄黄的松木的房檩和草笆，闪着稻草皮亮光的平光光的土墙，糊着白毛边纸的窗子。窗子给一根树枝子支着，一缕暖烘烘的阳光射进来，正晒着他的脸颊。他的脸又热又舒服。看这房子，他真以为又回到老家,回到师父那房子。师父那房子却没有这么整洁干净。这是哪儿? 一下子他想到昏倒之前所有的事。这事却像相隔半个月那么远,又像在眼前一样死死压在他心上。他翻身坐起来,只见一个庄稼人打扮、四十来岁的汉子坐在他对面,抽着烟袋瞅着他,见他醒来就深深吐一口气,不再瞅他,啪啪磕了烟灰,又往里装烟丝。

"你是谁?"柳眉儿问他。

这人轻淡地说:"救命恩人,你不认得?"

柳眉儿见这人眉目清浅,面色发黄,双手纤细,身子也不健壮,不像救他的大汉,他哪有那么大力气把他扛起来如飞一般地行走? 他在船舱见过的大汉也不像这样。可是他在黑乎乎的船舱里并没有看清楚呀……这人瞥他一眼,这一眼仿佛把他的疑惑看穿。便说:"你不信我这相貌平常的人,有能耐把你救出来? 这我可就知道你的眼力一般了。怪不得我那师兄……不,你那师父死在黄七把的手里呢!"

"你这是什么话?"柳眉儿顿时说,"别看你救了我,我并不谢你。你把我扛来,叫我把师父撇下。在这儿,你还对我师父不敬,别怪我用话伤你!"

"小子,我挺喜欢你的脾气。咱爷儿俩把话挑明,如果我和你师父没交情,也不会把你弄到这儿来。"

"怎么，你认识我师父？我不信。这是什么地方？你叫什么？"

"你问我叫什么？先不能告诉你。你问这是什么地方，离你家可不算近。你家在天津卫南边静海县的双堂，我这儿在天津卫西边霸县的煎茶铺。我怎不认得你师父？你师父姓于，名叫宝鼎，属虎，腊月祭灶那天生日，对不对？他太极、武当、少林各派功夫无所不知，十八般兵器——矛、锤、弓、弩、铣、鞭、锏、剑、链、挝、斧、钺、戈、戟、牌、棒、枪、拐，无所不通。招招都有根有据，有本有源，静海人称他是'万宝箱'，对不对？"

"不错！"柳眉儿听人用称赞的口气，把他师父的本事说得如此齐全，煞是高兴。

这人见柳眉儿得意的表情，不可捉摸地淡淡一笑，接着说："这些事许多人都知道，不算什么。我说你和你师父的私事。你师父中年丧妻，膝下无子。七年前，你6岁，静海县发大水，夜里你家的房子被洪水冲倒。你全家——你爹你娘和两个妹妹都给淹死了。当时，你娘把你放在一个瓦缸里，但水流太急，瓦缸被冲翻，你师父站在自家房顶上见了，冒死泅水救了你。他怜惜你无家可归，孤单可怜，就收你为徒，实为养父。你师徒就和亲父子一样无异……"

柳眉儿听了泪如雨下。哽咽着说:"我怎么能撇下师父……你到底是谁? 你要真是师父的朋友,就该带我去找师父,把他的尸首埋了,再为他报仇。"

这人忽然站起来说:"你随我来。"就带着柳眉儿走出屋子,穿过一片田地,走上草深石多的山坡,绕过一座破败不堪、断了香火的土地庙,走进一片静静的松树林子。一路上这人没和柳眉儿说一个字儿。一棵参天的大松树下,他指着一堆青草和松枝说:"你和他见一面吧,咱就在这儿把他埋了。"

柳眉儿忙扒开青草和松树枝,下面正是师父的尸体。柳眉儿大哭起来,紧紧抱住不能复生的师父不放。那人连劝带拉,总算把他拉开。然后将旁边的一些松枝搬开,那里早掘好一个土坑,他把师父埋了。

柳眉儿跪在坟前说:"待我把那瘦鬼宰了,再给师父祭坟来!"

那人在一旁鞠三个躬说:"师兄,你就放心吧,我一定叫侄儿亲自给你报了这仇。"

柳眉儿听了一怔,忽问他:"我两次听你称师父为师兄,我怎么不知道师父有你这个师兄弟。"

这人道:"不知道的事,未必没有。"

"你说,你什么时候与我师父做师兄弟的。"

这人道:"你想知道,我未必想告诉你。"

柳眉儿看这人的神情,不可捉摸,又似乎不可怀疑。他想了想又问:"你既然和我师父是师兄弟,那天见我师父失手,为啥不出手相救?"

这人说:"我迟了一步。我看见时,你师父正遭毒手,谁知他才过了一招就失手了!"

"那你为啥不为师父报仇?"

这人瞅了他两眼,说:"你哪里懂得……这我将来会告诉你的。你说吧,你想不想为你师父报仇?"

柳眉儿说:"当下就去?"

这人摇摇头:"谈何容易,你师父都不是他的对手,何况你?"

"那是瘦鬼使了暗器!"柳眉儿说。

"谁说的?你看见的吗?"

"那么,凭我师父的本事,他哪里是对手?"

这人又瞅了瞅柳眉儿带着孩子气的小脸,叹了口气说:"孩子,你是你师父的义子,也就是我的义子。我不能看你去送死,那黄七把武功你还未必能看懂。天下不是歹人就没本事,也不是自己敬重的人就能耐顶强。你要是真心为你师父报仇,就跟我练三年。三年后我保你打败黄七把,不然你只能是给你师父的冤魂做伴罢了。你想想,我听你的……"

这人把利害都一清二楚摆在柳眉儿面前。柳眉儿冷静一想,自知不是那瘦子的对手,便说:"你先告我,你的称呼,你怎么和我师父为师兄弟的,我不能对你没称呼。"

这人说:"等你为师父报了仇,我再告诉你我和你师父的关系。我名叫管万斤,你称不称师叔都行。"

柳眉儿:"你保我打死仇人?"

管万斤点头不语。

柳眉儿双腿一屈,扑通跪下,叫道:"师叔!"

管万斤没有点头,也没有摇头,沉吟片刻,忽然用十分强硬的口气说:"别看我和你师父是师兄弟,传法可不一样,你必须按我的法子练,错一点也不行!"

柳眉儿练武向来不怕苦,却没想到师叔用这种奇怪的教法。

三

管万斤的办法很简单,每天就练三样。早上在墙上挂一叠四寸厚的毛头纸,叫柳眉儿一拳拳往上打,直打到中午;晌后就在地上挖一个半尺深小坑,叫柳眉儿站在坑里往地面上跳;晚上让柳眉儿端一个瓦盆,绕着圈儿在院里走,胳膊必须伸直,不准打弯儿。

开始柳眉儿觉得新鲜,三个月后就有点腻烦了。

那叠毛头纸表层打破后，就打里边一张，毛头纸愈少就愈接近墙皮，打起来也就稍稍硬一些，不如开始时像打棉褥子那样舒服。晌后跳坑，每天师叔拿块碎碗片儿把坑底刮下一层土，刮得很薄，虽然不显，三个月过去，土坑已有二尺深了。夜晚端盆，每隔一个月换一个大一号的，现在已是养金鱼的大瓦盆了。

但柳眉儿一边练，一边心想自己师父就不这么教武艺，上手就是一招一式，练得蛮有兴趣，也能学到像样的武艺。这么练，哪叫练武？

一年过去。柳眉儿把墙上的毛头纸打得不剩一张，天天打墙，打肿了手，师叔就用药汤给他泡洗；这时，他脚下的土坑已有四尺多深，由于一天天加深，蹦上来并不觉难。至于端盆，早换成缸了。他虽然觉得自己力气增大，却不认为师叔教了什么真本事。也怕这样下去把师父原先教的功夫都荒废了，夜间便偷偷拿着刀到松林里师父坟前，练习当年师父教的套路和招数。若是忘了这些，将来与瘦鬼交手靠什么？

一天他问管万斤："师叔啥时教我点真功夫？"

管万斤没搭话。其实，柳眉儿天天夜里跑到松林里练武，他都看见了，也明白这小子心里怎么想的。

柳眉儿见师叔不答，暗想多半这师叔只有些力气，没什么真本事吧，要不师父怎么一直没提过他呢？再说那天他见师父被害为啥不肯与黄七把较量一番。往好处想,大概这师叔怕死不敢去,也怕自己送死,就用学武的办法把自己困住三年,消磨自己复仇的欲望。想到这儿,他真想逃掉,到天津去找瘦鬼,哪怕死在仇人手下,也不苟且偷生。于是,练功也就松懈下来。有时假装肚子和胳膊疼就不练了,暗地里却照样去松树林子偷练过去学到的那些刀招拳法。

管万斤当然都知道。

这一天傍晚,柳眉儿无心练功,端着缸转两圈,放下来,坐在缸沿上,忽然有人敲门,原来是个精瘦老头。庄稼人打扮,却斜背着一个小包袱,说是来拜访管万斤的。师叔拿眼瞅一下这老头,便笑了,请老头坐在当院的木头墩子上,中间的石板桌上放了烟茶。两人扯了扯客气话,老头叫柳眉儿拿两块干净平整的砖来。柳眉儿不知要砖干啥,拿来递给老头,就借着他们说话,溜出去又到松林里练武。天黑时回来,只见师叔与那老头仍面对面坐着,却一句话不说,也不动劲。他挺奇怪,走过去一瞧,原来各伸出右手,互相对着手掌,手掌中间夹着那两块砖,臂肘支在石板桌面上。柳眉儿不明白这是干什么?比武?他从没见过这么比武的!两人都在暗用劲,时间很长了,师叔微闭双眼,表情虽然平静,月光下,太阳穴上青筋鼓胀,已经渗出汗来,闪闪发亮;这老头儿微瞥眉尖,一缕山羊胡须微微有些抖颤。柳眉儿感到他们身上都有股山崩海涌般的力量凝聚在各自的右手上。稍有疏忽,就会肝破胆裂,骨折筋断。他屏声敛息,不敢动一动。忽听一阵沙沙响,原来老头儿这边的砖块已经开裂,一些碎渣粉末纷纷撒下。在石板桌上落了一层。柳眉儿惊异得很。师叔说:"请收掌力!"

两人同时撤掌。师叔这边砖块完好,老头一边已经粉碎。老头拱拱手说:"管师父的内力,中原一带无敌手。老汉服了,一生的修炼到此为止了。"

管万斤忙说:"老师父更有万钧之力,已经传到晚辈身上,晚辈深愧不如。"

老头儿直摇头,仿佛很悲伤,径自告别走了。

柳眉儿平生头一次看到这惊心动魄的本领。这一比,自己那些拳脚不是好比女人绣花那样,都是一些花样?他觉得师叔身上有股神奇的力量,把自己完完全全笼罩起来。从此他一声不吭,按照师叔的嘱咐练功,但师叔仍旧没教他什么拳脚招数。三年过去,他却能够像打棉门帘一样打墙了,能够从一丈多深的土坑轻轻一纵就飞上来,还能端着一口刚刚能抱住的大水缸,装满水,一端就离开地面,不费劲地在院里绕着走三圈。这时,师叔脸上才露出一点明亮的笑意。

四

在埋下师父整整三年那天,师叔领着柳眉儿到松林里给师父行了礼,就带他去天津给师父报仇去了。爷俩划船下卫,就像当年和师父一同进津差不多。所不同的,不仅仅这次是含恨报仇来的,另外上一次他对自己的功夫很自信,一心要惊动天津卫;这次反而暗暗嘀咕,他不知跟着师叔这样练了三年,倒是有些本事,但打起来到底顶不顶用?

他俩到了东北城根,拿眼一瞅,那瘦鬼还在那里,正和一个提鸟笼子的大肚子站着聊天。柳眉儿一见他,仇恨顿起,就要上去打。师叔抓住他胳膊说:"别急,他已经在你手里了!"然后俯在柳眉儿耳边说了些话,随后又叮嘱两句:"你小心他那膝盖砸你小肚子底下,那是男人的要害处。你师父就叫他这么磕死的。这便是他说的'阎王腿'!你跟他动上手,别忘了听我的招唤!"

柳眉儿恍然大悟,师父还真是死在功夫上。他把师叔的话又思量一遍,便扯着嗓子叫道:"练把式的在这儿呢!今儿就练一套,不看这辈子可看不着了!"

这一喊,立时就有闲人围上来。

柳眉儿把三年前在这里耍过的一套形意拳重演一遍。有人喝彩,有人朝他扔钱。忽然一个瘦子从人圈钻进来,这真比下食钓鱼还灵,果然是那瘦鬼黄七把。瘦人不易变样,还和三年前一模一样,但柳眉儿大变样子。当年只是13岁的孩子,现在16岁,样子像十八九强壮的后生。黄七把一点也没认出来。

周围看热闹的、胆小的都溜了,谁不怕黄七把!

黄七把指着柳眉儿说:"小子,你知道这块地是谁家的吗?"

"黄家的坟地。"柳眉儿说。

黄七把小眼一翻,说:"好小子,朝我来的?好,算你有点胆子,可你的功夫不行。你这套拳谁教的?要是上台演戏还差不离儿!"

柳眉儿说:"凭你这副骨头架子,也敢糟蹋我的拳法。你敢试试?"

黄七把又像当年那样把胸一挺,想硬硬接柳眉儿一拳。柳眉儿只听师叔的声音:"打墙!"就一拳打去,真像在师叔家打墙皮那样,嘭!但这一下比打墙容易多了。自己没料到这瘦子这样不禁打,像箩筐一样轻飘飘飞出去,掉到六七尺远的地方。柳眉儿自己也给这一拳惊呆了,没想到师叔这一手如此厉害!

周围的人"噢"的一声。但没人敢喝好。

瘦子给这一拳打急了。当众栽了面子,胸口像塞一团火,辣辣地疼。他翻身起来,"刷"地把外边的褂子扯下来,露出那件白洋绸小褂,一双脚还是丁字样摆着,双手还是倒背着。一切都是当年那架势。然后朝柳眉儿说:"来,进招吧!"

柳眉儿心里记着师叔的叮嘱,看了看瘦子那双要了师父命的"阎王腿",没有先进招,而是围着瘦子转了两转,不知如何下手。瘦子得意极了,叫着:"傻小子,你的手没了?"

柳眉儿转到瘦子背后,只听师叔叫:"端缸!"

柳眉儿习惯地一伸双手,正搭在瘦子的双肩上,稍一用劲,就把瘦子端起来。瘦子背着身子,"阎王腿"使不上,两只脚往回钩。柳眉儿的大拇指用上力,把他撅起来,肚皮朝天,叫他胳膊大腿都用不上,也回不了头。瘦子便叫起来:"你是谁?报个名儿有话好说!"分明有哀求的意思。

柳眉儿不吭声,端着他绕着圈儿走。

黄七把说:"你到底要干吗?"

柳眉儿一看周围这些人,这几棵古柳,登时想起师父被这人打死的惨状,不由自主地当众说起自己的身世:家里怎样发大水,师父怎样救他,收养他,怎样到天津卖武遇上这黄七把,受他屈辱,又怎样给他用"阎王腿"害死。边说边流泪,真情感动了众人,有人带头一叫:"摔死他!"立时就有不少人应声叫起来:"摔!摔!摔!"

柳眉儿说到愤慨之情不可遏制的时候,手上的劲便不知不觉地用在这瘦子身上了。

忽然一阵喝呼,周围的人一哄而散。黄七把这帮人来了,对柳眉儿叫道:"把七爷放下来!"

柳眉儿只把瘦子往地上一撂,并没用多少劲,他就气绝了,实际上端在半空中就已经完了。那帮人"呼啦"一下把柳眉儿围起来,要捉他见官。柳眉儿刚要动,只听师叔叫道:"走!眉儿!"

柳眉儿给人团团围住,不觉说:"怎么走?"

师叔的声音:"跳坑!"

柳眉儿不自主腾身跃起,这可比在师叔家跳坑轻松多了。那坑有一丈多深,一人才多高?一纵身就从包围中飞出,跳到外边,脚一沾地,后背就让师叔用手掌一托,又像当年那样飞也似的去了。

他俩站在船板上,船行水上。柳眉儿问师叔:"我始终不明白,你本领这么大,为啥当初您不上手结果了黄七把?"

师叔笑道:"为了成全你。"

柳眉儿这才明白师叔的一番苦心,不由得屈下腿来给恩师跪下。一边说:"您现在该告诉我,您和我师父何时成的师兄弟……"

他等着管万斤答应,却不得回答,不由得抬头一瞧,管万斤不见了,船板上,舱内空空无有。四外寂寥得很,流水无声,两岸朦朦胧胧罩着一片发亮的白雾,只有长嘴"水呱呱"在雾里飞来飞去,时隐时现……

/刷子李/

　　码头上的人,全是硬碰硬。手艺人靠的是手,手上就必得有绝活。有绝活的,吃荤,亮堂,站在大街中央;没能耐的,吃素,发蔫,靠边待着。这一套可不是谁家定的,它地地道道是码头上的一种活法。自来唱大戏的,都讲究闯天津码头。天津人迷戏也懂戏,眼刁耳尖,褒贬分明。戏唱得好,下边叫好捧场,像见到皇上,不少名角儿便打天津唱红唱紫、大红大紫;可要是稀松平常,要哪没哪,戏唱砸了,下边一准儿起哄喝倒彩,弄不好茶碗扔上去,茶叶末子沾满戏袍和胡须上。天下看戏,哪儿也没天津倒好叫得厉害。您别说不好,这一来也就练出不少能人来。各行各业,全有几个本领齐天的活神仙。刻砖刘、泥人张、风筝魏、机器王、刷子李,等等。天津人好把这种人的姓,和他们拿手擅长的行当连在一起称呼。叫长了,名字反没人知道。只有这一个绰号,在码头上响当当和当当响。

刷子李是河北大街一家营造厂的师傅。专干粉刷一行，别的不干。他要是给您刷好一间屋子，屋里任嘛甭放，单坐着，就赛升天一般美。最让人叫绝的是，他刷浆时必穿一身黑，干完活，身上绝没有一个白点。别不信！他还给自己立下一个规矩，只要身上有白点，白刷不要钱。倘若没这本事，他不早饿成干儿了？

但这是传说，人信也不会全信。行外的没见过的不信，行内的生气愣说不信。

一年的一天，刷子李收个徒弟叫曹小三。当徒弟的开头都是端茶、点烟，跟在屁股后边提东西。曹小三当然早就听说过师傅那手绝活，一直半信半疑，这回非要亲眼瞧瞧。

那天，头一次跟师傅出去干活，到英租界镇南道给李善人新造的洋房刷浆。到了那儿，刷子李跟管事的人一谈，才知道师傅派头十足。照他的规矩一天只刷一间屋子。这洋楼大小九间屋，得刷九天。干活前，他把随身带的一个四四方方的小包袱打开，果然一身黑衣黑裤，一双黑布鞋。穿上这身黑，就赛跟地上一桶白浆较上了劲。

一间屋子，一个屋顶四面墙，先刷屋顶后刷墙。顶子尤其难刷，蘸了稀溜溜粉浆的板刷往上一举，谁能一滴不掉？一掉准掉在身上。可刷子李一举刷子，就赛没有蘸浆。但刷子划过屋顶，立时匀匀实实一道白，白得透亮，白得清爽。有人说这蘸浆的手法有高招，有人说这调浆的配料有秘方。曹小三哪里看得出来？只见师傅的手臂悠然摆来，悠然摆去，好赛伴着鼓点，和着琴音，每一摆刷，那长长的带浆的毛刷便在墙面"啪"地清脆一响，极是好听。啪啪声里，一道道浆，衔接得天衣无缝，刷过去的墙面，真好比平平整整打开一面雪白的屏障。可是曹小三最关心的还是刷子李身上到底有没有白点？

刷子李干活还有个规矩。每刷完一面墙，必得在凳子上坐一大会儿，抽一袋烟，喝一碗茶，再刷下一面墙。此刻，曹小三借着给师傅倒水点烟的机会，拿目光仔细搜索刷子李的全身。每一面墙刷完，他搜索一遍，居然连一个芝麻大小的粉点也没发现。他真觉得这身黑色的衣服有种神圣不可侵犯的威严。

可是，当刷子李刷完最后一面墙，坐下来，曹小三给他点烟时，竟然瞧见刷子李裤子上出现了一个白点，黄豆大小。黑中白，比白中黑更扎眼。完了！师傅露馅了，他不是神仙，往日传说中那如山般的形象轰然倒去。但他怕师傅难堪，不敢说，也不敢看，可忍不住还要扫一眼。

这时候，刷子李忽然朝他说话：

"小三,你瞧见我裤子上的白点了吧。你以为师傅的能耐有假,名气有诈,是吧?傻小子,你再细瞧瞧吧——"

说着,刷子李手指捏着裤子轻轻往上一提,那白点即刻没了,再一松手,白点又出现,奇了!他凑上脸用神再瞧,那白点原是一个小洞!刚才抽烟时不小心烧的。里边的白衬裤打小洞透出来,看上去就跟粉浆落上去的白点一模一样!

刷子李看着曹小三发怔发傻的模样,笑道:

"你以为人家的名气全是虚的?那你是在骗自己。好好学本事吧!"

曹小三学徒头一天,见到听到学到的,恐怕别人一辈子也未准明白呢!

冯五爷

冯五爷是浙江宁波人。冯家出两种人,一经商,一念书。冯家人聪明,脑袋瓜赛粤人翁伍章雕刻的象牙球,一层套一层,每层一花样。所以冯家人经商的成巨富,念书的当文豪做大官。冯五爷这一辈五男二女,他排行末尾,几位兄长远在上海天津开厂经商,早早地成家立业,站住脚跟。唯独冯五爷在家啃书本。他人长得赛条江鲫,骨细如鱼刺,肉嫩如鱼肚,不是赚钱发财的长相,倒是舞文弄墨的材料。凡他念过的书,你读上句,他背下句,这能耐据说只有宋朝的王安石才有。至于他出口成章,落笔生花,无人不服。都说这一辈冯家的出息都在这五爷身上了。

冯五爷二十五,父母入土,他卖房卖地,携家带口来到天津卫,为的是投兄靠友,谋一条通天路。

他心气高,可天津卫是商埠,毛笔是用来记账的,没人看书,自然也没人瞧得起念书的。比方说,地上有黄金也有书本,您捡哪样?别人发财,冯五爷眼热,脑筋一歪,决意下海做买卖。但此道他一窍不通,干哪行呢?

中国人想赚钱,第一个念头便是开饭馆。民以食为天,民为食花钱;一天三顿饭,不吃腿就软,钱都给了饭馆老板。天津的钱又都在商人手里,商界的往来大半在饭桌上。再说,天津产盐,吃菜口重,宁波菜咸,正合口味。于是冯五爷拿定主意,开个宁波风味的馆子,便在马家口的闹市里,选址盖房,取名"状元楼"。择个吉日,升匾挂彩,燃鞭放炮,饭馆开张了。冯五爷身穿藏蓝暗花大褂,胸前晃着一条纯金表链,中印分头,满头抹油,地道的老板打扮,站在大厅迎宾迎客,应付八方。念书的人,讲究礼节,谈吐又好,很得人缘。再说,状元楼是天津卫独一家宁波馆,海鱼河虾都是天津人解馋的食品,在宁波厨子手里一做,比活鱼活虾还鲜。故此开张以来,天天坐满堂,晚上一顿还得"翻台",上两拨客人。眼瞅着金河银河,往钱匣子里流,冯五爷心花怒放。可日子一长,赚钱并不多。冯五爷纳闷,天天一把把银钱,赛一群群鸟飞进来,都落到哪儿去了?往后再一瞧账,哟,反倒出了赤字!

一日,一个打宁波帮工来的小伙计,斗着胆子告诉他,厨房里的鸡鸭鱼肉,进到客人嘴里的有限,大多给厨子伙计们隔墙扔出去,外边有人接应。状元楼有多少钱经得住天天往外扔?

冯五爷盛怒之后,心想自己嘛脑袋,《二十四史》背得滚瓜烂熟,能拿这帮端盘子炒菜的没辙?这就开刀了。除去那个打宁波老家带来的胖厨子没动,其余伙计全轰走,斩草除根换一拨人,还有后院墙头安装电网,以为从此相安无事,可账上仍是赤字,怎么回事?

又一日,住在状元楼邻近一位婆子,咬耳朵对他说,每天后晌,垃圾车一到,一摇铃铛,打状元楼里抬出的七八个土箱子,只有上边薄薄一层是垃圾,下边全是铁皮罐头、整袋咸鱼、好酒好烟。原来内外勾结,用这法儿把东西弄走。这不等于拿土箱子每天往外抬钱吗?冯五爷赶在一个后晌倒垃圾的时候,上前一查,果然如此。大怒之下,再换一拨人。人是换了,但账本上的赤字还是没有换掉。

冯五爷不信自己无能。天天到馆子瞪大眼珠,内内外外巡视一番,却看不出半点毛病。文人靠想象过日子,真落到生活的万花筒里,便是"自作聪明真傻瓜"。状元楼就赛破皮球,撒气露风,眼瞅着败落下来。买卖赛人,靠一股气儿活着,气泄了,谁也没辙。愈少客人,客人愈少;油水没油,伙计散伙。饭厅有时只开半边灯了。

冯五爷心里只剩下一点不服。

再一日,身边使唤的小僮对他说,外头风传,状元楼里最大的偷儿不是别人,就是那个打老家带来的胖厨子。据说他偷瘾极大,无日不偷,无时不偷,无物不偷,每晚回家必偷一样东西走,而且偷术极高,绝对察看不出。冯五爷不肯相信,这胖厨子当年给自己父亲做饭,胖厨子的父亲给自己爷爷做饭,他家的根早扎在冯家了。倘若他是贼,谁还会不是贼?

但是,冯五爷究竟干了两年的买卖,看到的假笑比真笑多,听到的假话比真话多,心里也多了一个心眼儿了。当日晚上,状元楼该关灯闭门的时候,冯五爷带着小僮到饭馆前厅,搬一把藤椅,撂在通风处,仰面一躺,说是歇凉,实是捉贼。

等了不久,胖厨子封上炉火,打后头厨房出来,正要回家。他光着脑袋一身肉,下边只穿一条大白裤衩,趿拉一双破布鞋,肩上搭一条汗巾,手提一盏纸灯笼。他瞅见老板,并不急着脱身离去,而是站着说话。那模样赛是说:您就放开眼瞧吧!

冯五爷嘴里搭讪,一双文人的锐目利眼却上上下下打量他,心中一边揣度——这光头光身,往哪儿藏掖?破鞋里也塞不了一盒烟啊!灯笼通明雪亮,里头放点嘛也全能照出来。裤衩虽大，但给大厅里来回来去的风一吹，大腿屁股的轮廓都看得清清楚楚，还能有嘛？是不是搭在肩上那条擦汗的手巾里裹着点什么？心刚生疑，不等他说，胖厨子已把汗巾从肩上拿下，甩手扔给小僮，说道："外边都凉了，我带这条大毛巾做什么，烦你给搭在后院的晾衣绳上吧！"说完辞过冯五爷，手提灯笼，大摇大摆走了。

冯五爷叫小僮打开毛巾，里头嘛也没有，差点冤枉好人。

可是转天，这小僮打听到，胖厨子昨晚使的花活在那灯笼上。原来插洋蜡的灯座不是木头的，而是拿一块冻肉旋的，这块肉足有二斤沉！可人家居然就在冯五爷眼皮子底下，使灯照着，大模大样提走了，真叫绝了！

冯五爷听罢，三天没说话，第四天就把状元楼关了。有人劝他重返文苑，接着念书，他摇头叹息。念书得信书。他连念书的人能耐还是不念书的人能耐都弄不清，哪还会有念书的心思？

苏七块

苏大夫本名苏金散，民国初年在小白楼一带，开所行医，正骨拿环，天津卫挂头牌，连洋人赛马折胳膊断腿，也来求他。

他人高袍长，手瘦有劲，五十开外，红唇皓齿，眸子赛灯，下巴儿一绺山羊须，浸了油赛的乌黑锃亮。张口说话，声音打胸腔出来，带着丹田气，远近一样响，要是当年入班学戏，保准是金少山的冤家对头。他手下动作更是"干净麻利快"，逢到有人伤筋断骨找他来，他呢？手指一触，隔皮截肉，里头怎么回事，立时心明眼亮。忽然双手赛一对白鸟，上下翻飞，疾如闪电，只听"咔嚓咔嚓"，不等病人觉疼，断骨头就接上了。贴块膏药，上了夹板，病人回去自好。倘若再来，一准儿是鞠大躬谢大恩送大匾来了。

人有了能耐，脾气准各色。苏大夫有个各色的规矩，凡来瞧病，无论贫富亲疏，必得先拿七块银元码在台子上，他才肯瞧病，否则决不搭理。这叫嘛规矩？

他就这规矩！人家骂他认钱不认人，能耐就值七块，因故得个挨贬的绰号叫作：苏七块。当面称他苏大夫，背后叫他苏七块，谁也不知他的大名苏金散了。

苏大夫好打牌，一日闲着，两位牌友来玩，三缺一，便把街北不远的牙医华大夫请来，凑上一桌。玩得正来神儿，忽然三轮车夫张四闯进来，往门上一靠，右手托着左胳膊肘，脑袋瓜淌汗，脖子周围的小褂湿了一圈，显然摔坏胳膊，疼得够劲。可三轮车夫都是赚一天吃一天，哪拿得出七块银元？他说先欠着苏大夫，过后准还，说话时还哼哟哼哟叫疼。谁料苏大夫听赛没听，照样摸牌看牌算牌打牌，或喜或忧或惊或装作不惊，脑子全在牌桌上。一位牌友看不过去，使手指指门外，苏大夫眼睛仍不离牌。"苏七块"这绰号就表现得斩钉截铁了。

牙医华大夫出名的心善，他推说去撒尿，离开牌桌走到后院，钻出后门，绕到前街，远远把靠在门边的张四悄悄招呼过来，打怀里摸出七块银元给了他。不等张四感激，转身打原道返回，进屋坐回牌桌，若无其事地接着打牌。

过一会儿，张四歪歪扭扭走进屋，把七块银元"哗"地往台子上一码。这下比按铃还快，苏大夫已然站在张四面前，挽起袖子，把张四的胳膊放在台子上，捏几下骨头,跟手左拉右推,下顶上压,张四抽肩缩颈闭眼龇牙,预备重重挨几下,苏大夫却说:"接上了。"当下便涂上药膏,夹上夹板,还给张四几包活血止疼口服的药面子。张四说他再没钱付药款,苏大夫只说了句:"这药我送了。"便回到牌桌旁。

今儿的牌各有输赢,更是没完没了,直到点灯时分,肚子空得直叫,大家才散。临出门时,苏大夫伸出瘦手,拦住华大夫,留他有事。待那二位牌友走后,他打自己座位前那堆银元里取出七块,往华大夫手心一放。在华大夫惊愕中说道:

"有句话,还得跟您说。您别以为我这人心地不善,只是我立的这规矩不能改!"

华大夫把这话带回去,琢磨了三天三夜,到底也没琢磨透苏大夫这话里的深意。但他打心眼儿里钦佩苏大夫这事这理这人。

酒　婆

酒馆也分三六九等。首善街那家小酒馆得算顶末尾的一等。不插幌子，不挂字号，屋里连座位也没有；柜台上不卖菜，单摆一缸酒。来喝酒的，都是扛活拉车卖苦力的底层人。有的手捏一块酱肠头，有的衣兜里装着一把五香花生，进门要上二三两，倚着墙角窗台独饮。逢到人挤人，便端着酒碗到门外边，靠树一站，把酒一点点倒进嘴里，这才叫过瘾解馋其乐无穷呢！

这酒馆只卖一种酒，使山芋干造的，价钱贱，酒味大。首善街养的猫从来不丢，跑迷了路，也会循着酒味找回来。这酒不讲余味，只讲冲劲，进嘴赛镪水，非得赶紧咽，不然烧烂了舌头嘴巴牙花嗓子眼儿。可一落进肚里，跟手一股劲"腾"地蹿上来，直撞脑袋，晕晕乎乎，劲头很猛。好赛大年夜里放的那种炮仗"炮打灯"，点着一炸，红灯蹿天。这酒就叫作"炮打灯"。好酒应是温厚绵长，绝不上头。但穷汉子们挣一天命，筋酸骨乏，心里憋闷，不就为了花钱不多，马上来劲，晕头涨脑地洒脱洒脱放纵放纵吗？

要说最洒脱，还得数酒婆。天天下晌，这老婆子一准儿来到小酒馆，衣衫破烂，赛叫花子；头发乱，脸色黪，没人说清她嘛长相，更没人知道她姓嘛叫嘛，却都知道她是这小酒馆的头号酒鬼，尊称酒婆。她一进门，照例打怀里掏出个四四方方小布包；打开布包，里头是个报纸包，报纸有时新有时旧；打开报纸包，又是个绵纸包，好赛里头包着一个翡翠别针；再打开这绵纸包，原来只是两角钱！她拿钱撂在柜台上，老板照例把多半碗"炮打灯"递过去，她接过酒碗，举手扬脖，碗底一翻，酒便直落肚中，好赛倒进酒桶。待这婆子两脚一出门槛，就赛在地上画天书了。

她一路东倒西歪向北去，走出一百多步远的地界，是个十字路口，车来车往，常常出事。您还甭为这婆子揪心，瞧她烂醉如泥，可每次将到路口，一准儿是"噔"地一下，醒过来了！竟赛常人一般，不带半点醉意，好端端地穿街而过。她天天这样，从无闪失。首善街上的人家，最爱瞧酒婆这醉醺醺的几步扭——上摆下摇，左歪右斜，悠悠旋转乐陶陶，看似风摆荷叶一般；逢到雨天，雨点淋身，便赛一张慢慢旋动的大伞了……但是，为嘛酒婆一到路口就醉意全消呢？是因为"炮打灯"就这么一点劲头儿，还是酒婆有超人的能耐说醉就醉说醒就醒？

酒的诀窍，还是在酒缸里。老板人奸，往酒里掺水。酒鬼们对眼睛里的世界一片模糊，对肚子里的酒却一清二楚，但谁也不肯把这层纸捅破，喝美了也就算了。老板缺德，必得报应，人近六十，没儿没女，八成要绝后。可一日，老板娘爱酸爱辣，居然有喜了！老板给佛爷叩头时，动了良心，发誓今后老实做人，诚实卖酒，再不往酒里掺水掺假了。

就是这日，酒婆来到这家小酒馆，进门照例还是掏出包儿来，层层打开，花钱买酒，举手扬脖，把改假为真的"炮打灯"倒进肚里……真货就有真货色。这次酒婆还没出屋，人就转悠起来了。而且今儿她一路上摇晃得分外好看，上身左摇，下身右摇，愈转愈疾，初时赛风中的大鹏鸟，后来竟赛一个黑黑的大旋涡！首善街的人看得惊奇，也看得纳闷，不等多想，酒婆已到路口，竟然没有酒醒，破天荒头一遭转悠到大马路上，下边的惨事就甭提了……

自此，酒婆在这条街上绝了迹。小酒馆里的人们却不时念叨起她来。说她才算真正够格的酒鬼。她喝酒不就菜，向例一饮而尽，不贪解馋，只求酒劲。在酒馆既不多事，也无闲话，交钱喝酒，喝完就走，从来没赊过账。真正的酒鬼,都是自得其乐,不搅和别人。

老板听着,忽然想到,酒婆出事那日,不正是自己不往酒里掺假的那天吗?原来祸根竟在自己身上!他便别扭开了,心想这人间的道理真是说不清道不明了。到底骗人不对,还是诚实不对?不然为嘛几十年拿假酒骗人,却相安无事,都喝得挺美,可一旦认真起来反倒毁了?

/ 背头杨 /

光绪庚子后,社会维新,人心思变,光怪陆离,无奇不有,大直沽冒出一个奇人,人称背头杨。当时,男人的辫子剪得太急,而且头发受之父母,不肯剪去太多,剪完后又没有新发型接着,于是就剩下一头长长的散发,赛玉米穗子背在后脑壳上,俗称马子盖,大名叫背头。背头便成了维新的男人们流行的发式了。

既然如此,这个留背头姓杨的还有嘛新鲜的?您问得好,我告您——这人是女的!

大直沽有个姓杨的大户。两个没出门的闺女。杨大小姐,斯文好静,整天待在家;杨二小姐,激进好动,终日外边跑,模样和性情都跟小子们一样。而且好时髦,外边流行什么,她就立即弄到自己身上来。她头次听到"革命"二字,马上就铰了头发,仿照维新的男人们留个背头。这在当时可是个大新闻。可她不管家里怎么闹,外头怎么说,我行我素,快意得很。但没出十天,麻烦就来了——

这天傍晚,背头杨打老龙头的西学堂听完时事演讲回家。下边憋了一泡尿,她急着往家赶,愈急愈憋不住,简直赛江河翻浪,要决口子。她见道边有间茅厕,便一头钻进去。

天下的茅厕都是一边男一边女,中间隔道墙,左男右女。她正解裤带的当口,只听蹲着的一个女的大声尖叫:"流氓,流氓!"跟着,另一个也叫起来,声音更大。她给这一叫弄蒙了。闹不清流氓在哪儿,提着裤子跑出去。谁料里边的几个女的跟着跑出来,喊打叫骂,认准她是个到女厕所占便宜的坏小子。过路的人,上来把她截住,一拥而上,连踢带打。背头杨叫着:"别打,别打,我是女的!"谁料招致更凶猛的殴打:"打就打你这冒牌的'女的'!"直到巡警来,认出这是杨家的二小姐,才把她救出来送回家。背头杨给打得一身包,脸上挂了彩,见了爹娘,又哭又闹,一连多少天,那就不去说了。

打这儿,背头杨在外边再不敢进茅厕。憋急了就是尿在裤兜里,也不去茅厕。她不能进男厕,更不能进女厕。一时间,连自己是男是女也弄不清了。

她不去找事,可是事来找她。

她听说,大直沽一带的女厕所接连出事。据说总有个留背头的男子闯进去,进门就说:"我是背头杨。"

唬住对方,占些便宜后扭身就跑。虽然没出大事,却闹得人心惶惶。还有些地面上的小混混也趁火打劫,在女厕所的墙外时不时叫一嗓子:"背头杨来了!"叫这一带的女厕所都赛闹鬼的房子,没人敢进去。

　　背头杨真弄不明白,维新怎么会招来这么多麻烦。不过留一个背头,连厕所也进不得。而且是进厕所不行,不进厕所也不行。不知是她把事情搅乱,还是事情把她搅乱。一赌气,她在屋里待了两个月。慢慢头发长了,恢复了女相,哎,这一来女厕所自然就随便进了,而且女厕所也肃静起来,好似天底下的麻烦全没了。

/ 张大力 /

张大力,原名叫张金璧,津门一员赳赳武夫,身强力蛮,力大没边,故称大力。津门的老少爷们儿喜欢他,佩服他,夸他。但天津人有自己夸人的方法。张大力就有这么一件事,当时无人不晓,现在没人知道,因此写在下边——

侯家后一家卖石材的店铺,叫聚合成。大门口放一把死沉死沉的青石大锁,锁把也是石头的。锁上刻着一行字:

凡举起此锁者赏银百两

聚合成设这石锁,无非为了证明它的石料都是坚实耐用的好料。

可是,打石锁撂在这儿,就没人举起过,甚至没人能叫它稍稍动一动,您说它有多重?好赛它跟地壳连着,除非把地面也举到头上去!

一天,张大力来到侯家后,看见这把锁,也看见上边的字,便俯下身子,使手叩一叩,轻轻一撼,竟然摇动起来,而且赛摇一个竹篮子,这就招了许多人围上来看。只见他手握锁把,腰一挺劲,大石锁被他轻易地举到空中。胳膊笔直不弯,脸上笑容满面,好赛举着一大把花儿!

众人叫好呼好喊好,张大力举着石锁,也不撂下来,直等着聚合成的伙计老板全出来,看清楚了,才将石锁放回原地。老板上来笑嘻嘻说:

"原来张老师来了,快请到里头坐坐,喝杯茶!"

张大力听了,正色说:"老板,您别跟我弄这套!您的石锁上写着嘛,谁举起它,赏银百两,您就快把钱拿来,我还忙着哪!"

谁料聚合成的老板并不理会张大力的话。待张大力说完,他不紧不慢地说道:"张老师,您只瞧见石锁上边的字了,可石锁底下还有一行字,您瞧见了吗?"

张大力怔了。刚才只顾高兴,根本没瞧见锁下边还有字。不单他没瞧见,旁人也都没瞧见。张大力脑筋一转,心想别是老板唬他,不想给钱,以为他使过一次劲,二次再举不起来了,于是上去一把又将石锁高高举到头顶上,可抬眼一看,石锁下边还真有一行字,竟然写着:

唯张大力举起来不算

把这石锁上边和下边的字连起来,就是:

凡举起此锁赏银百两　唯张大力举起来不算

众人见了,都笑起来。原来人家早知道唯有他能举起这家伙。而这行字也是人家佩服自己,夸赞自己——张大力当然明白。

他扔了石锁,哈哈大笑,扬长而去。

/ 好嘴杨巴 /

津门胜地,能人如林,此间出了两位卖茶汤的高手,把这种稀松平常的街头小吃,干得远近闻名。这二位,一位胖黑敦厚,名叫杨七;一位细白精朗,人称杨八。杨七杨八,好赛哥儿俩,其实却无亲无故,不过他俩的爹都姓杨罢了。杨八本名杨巴,由于"巴"与"八"音同,杨巴的年岁长相又比杨七小,人们便错把他当成杨七的兄弟。不过要说他俩的配合,好比左右手,又非亲兄弟可比。杨七手艺高,只管闷头制作;杨巴口才好,专管外场照应。虽然里里外外只这两人,既是老板又是伙计,闹得却比大买卖还红火。

杨七的手艺好,关键靠两手绝活。

一般茶汤是把秫米面沏好后,捏一撮芝麻撒在浮头,这样做香味只在表面,愈喝愈没味儿。杨七自有高招,他先盛半碗秫米面,便撒上一次芝麻,再盛半碗秫米面,沏好后又撒一次芝麻。这样一直喝到见了碗底都有香味。

他另一手绝活是,芝麻不用整粒的,而是先使铁锅炒过,再拿擀面杖压碎。压碎了,里面的香味才能出来。芝麻必得炒得焦黄不煳,不黄不香,太煳便苦;压碎的芝麻粒还得粗细正好,太粗费嚼,太细也就没嚼头了。这手活儿别人明知道也学不来。手艺人的能耐全在手上,此中道理跟写字画画差不多。

可是,手艺再高,东西再好,拿到生意场上必得靠人吹。三分活,七分说,死人说活了,破货变好货,买卖人的功夫大半在嘴上。到了需要逢场作戏、八面玲珑、看风使舵、左右逢源的时候,就更指着杨巴那张好嘴了。

那次,李鸿章来天津,地方的府县道台费尽心思,究竟拿嘛样的吃喝才能把中堂大人哄得高兴?京城豪门,山珍海味不新鲜,新鲜的反倒是地方风味小吃,可天津卫的小吃太粗太土:熬小鱼刺多,容易卡嗓子;炸麻花邦硬,弄不好硌牙。琢磨三天,难下决断,幸亏知府大人原是地面上走街串巷的人物,嘛都吃过,便举荐出"杨家茶汤";茶汤黏软香甜,好吃无险,众官员一齐称好,这便是杨巴发迹的缘由了。

这日下晌,李中堂听过本地小曲莲花落子,饶有兴味,满心欢喜,撒泡热尿,身爽腹空,要吃点心。知府大人忙叫"杨七杨八"献上茶汤。今儿,两人自打到这世上来,头次里外全新,青裤青褂,白巾白袜,一双手拿碱面洗得赛脱层皮那样干净。他俩双双将茶汤捧到李中堂面前的桌上,然后一并退后五步,垂手而立,说是听候吩咐,实是请好请赏。

李中堂正要尝尝这津门名品,手指尖将碰碗边,目光一落碗中,眉头忽地一皱,面上顿起阴云,猛然甩手,"啪"地将一碗茶汤打落在地,碎瓷乱飞,茶汤泼了一地,还冒着热气儿。在场众官员吓蒙了,杨七和杨巴慌忙跪下,谁也不知中堂大人为嘛犯怒?

当官的一个比一个糊涂,这就透出杨巴的明白。他眨眨眼,立时猜到中堂大人以前没喝过茶汤,不知道撒在浮头的碎芝麻是嘛东西,一准儿当成不小心掉上去的脏土,要不哪会有这大的火气?可这样,难题就来了——

倘若说这是芝麻,不是脏东西,不等于骂中堂大人孤陋寡闻、没有见识吗?倘若不加解释,不又等于承认给中堂大人吃脏东西?说不说,都是要挨一顿臭揍,然后砸饭碗子。而眼下顶要紧的,是不能叫李中堂开口说那是脏东西。大人说话,不能改口。必须赶紧想辙,抢在前头说。

杨巴的脑筋飞快地一转两转三转,主意来了!只见他脑袋撞地,"咚咚咚"叩得山响,一边叫道:"中堂大人息怒！小人不知道中堂大人不爱吃压碎的芝麻粒，惹恼了大人。大人不记小人过，饶了小人这次，今后一定痛改前非！"说完又是一阵响头。

李中堂这才明白，刚才茶汤上那些黄渣子不是脏东西，是碎芝麻。明白过后便想，天津卫九河下梢，人性练达，生意场上，心灵嘴巧。这卖茶汤的小子更是机敏过人，居然一眼看出自己错把芝麻当作脏土，而三两句话，既叫自己明白，又给自己面子。这聪明在眼前的府县道台中间是绝没有的，于是对杨巴心生喜欢，便说：

"不知道当无罪！虽然我不喜欢吃碎芝麻（他也顺坡下了），但你的茶汤名满津门，也该嘉奖！来人呀，赏银一百两！"

这一来，叫在场所有人摸不着头脑。茶汤不爱吃，反倒奖巨银，为嘛？傻啦？杨巴趴在地上，一个劲儿地叩头谢恩，心里头却一清二楚全明白。

自此，杨巴在天津城威名大震。那"杨家茶汤"也被人们改称作"杨巴茶汤"了。杨七反倒渐渐埋没，无人知晓。杨巴对此毫不内疚，因为自己成名靠的是自己一张好嘴，李中堂并没有喝茶汤呀！

泥人张

手艺道上的人，捏泥人的"泥人张"排第一。而且，有第一，没第二，第三差着十万八千里。

泥人张大名叫张明山。咸丰年间常去的地方有两处。一是东北城角的戏院大观楼，一是北关口的饭馆天庆馆。坐在那儿，为了瞧各样的人，也为捏各样的人。去大观楼要看戏台上的各种角色，去天庆馆要看人世间的各种角色。这后一种的样儿更多。

那天下雨，他一个人坐在天庆馆里饮酒，一边留神四下里吃客们的模样。这当儿，打外边进来三个人。中间一位穿得阔绰，大脑袋，中溜个子，挺着肚子，架势挺牛，横冲直撞往里走。站在迎门桌子上的"撂高的"一瞅，赶紧吆喝着："益照临的张五爷可是稀客、贵客，张五爷这儿总共三位——里边请！"

一听这喊话，吃饭的人都停住嘴巴，甚至放下筷子瞧瞧这位大名鼎鼎的张五爷。当下，城里城外气最冲的要算这位靠着贩盐赚下金山的张锦文。他当年由于为盛京将军海仁卖过命，被海大人收为义子，排行老五。所以又有"海张五"一称。但人家当面叫他张五爷，背后叫他海张五。天津卫是做买卖的地界儿，谁有钱谁横，官儿也怵三分。可是手艺人除外。手艺人靠手吃饭，求谁？怵谁？故此，泥人张只管饮酒，吃菜，西瞧东看，全然没把海张五当个人物。

但是不一会儿，就听海张五那边议论起他来。有个细嗓门的说："人家台下一边看戏，一边手在袖子里捏泥人。捏完拿出来一瞧，台上的嘛样，他捏的嘛样。"跟着就是海张五的大粗嗓门说："在哪儿捏？在袖子里捏？在裤裆里捏吧！"随后一阵笑，拿泥人张找乐子。

这些话天庆馆里的人全都听见了。人们等着瞧艺高胆大的泥人张怎么"回报"海张五。一个泥团儿砍过去？

只见人家泥人张听赛没听，左手伸到桌子下边，打鞋底下抠下一块泥巴。右手依然端杯饮酒，眼睛也只瞅着桌上的酒菜，这左手便摆弄起这团泥巴来；几个手指飞快捏弄，比变戏法的刘秃子的手还灵巧。海张五那边还在不停地找乐子，泥人张这边肯定把那些话在他手里这团泥上全找回来了。随后手一停，他把这泥团往桌上"啪"地一戳，起身去柜台结账。

吃饭的人抻脖一瞧，这泥人真捏绝了！就赛把海张五的脑袋割下来放在桌上一般。瓢似的脑袋，小鼓眼，一脸狂气，比海张五还像海张五。只是只有核桃大小。

海张五在那边，隔着两丈远就看出捏的是他。他朝着正走出门的泥人张的背影叫道："这破手艺也想赚钱，贱卖都没人要。"

泥人张头都没回，撑开伞走了。但天津卫的事没有这样完的——

第二天，北门外估衣街的几个小杂货摊上，摆出来一排排海张五这个泥像，还加了个身子，大模大样坐在那里。而且是翻模子扣的，成批生产，足有一二百个。摊上还都贴着个白纸条，上边使墨笔写着：贱卖海张五。

估衣街上来来往往的人，谁看谁乐。乐完找熟人来看，再一块乐。

三天后，海张五派人花了大价钱，才把这些泥人全买走，据说连泥模子也买走了。泥人是没了，可"贱卖海张五"这事却传了一百多年，直到今儿个。

/小杨月楼义结李金鏊/

民国二十八年,龙王爷闯进天津卫,大小楼房全赛站在水里。三层楼房水过腿,两层楼房水齐腰,小平房便都落得"没顶之灾"了。街上行船,窗户当门,买卖停业,车辆不通,小杨月楼和他的一班人马被困在南市的庆云戏院。那时候,人都泡在水里,哪有心思看戏?这班子二十来号人便睡在戏台上。

龙王爷赖在天津一连几个月,戏班照样人吃马喂,把钱使净,便将十多箱行头道具押在河北大街的"万成当"。等到水退了,火车通车,小杨月楼急着返回上海,凑钱买了车票,就没钱赎当了,急得他闹牙疼,腮帮子肿得老高。戏院一位热心肠的小伙计对他说:"您不如去求李金鏊帮忙,那人仗义,拿义气当命。凭您的名气,有求必应。"

李金鏊是天津卫出名的一位大锅伙,混混头儿。上刀山、下火海、跳油锅,绝不含糊,死签一个。虽然黑白道上,也讲规矩讲脸面讲义气,拔刀相助的事,李金鳌干过不少,小杨月楼却从来不沾这号人。可是今儿事情逼到这地步,不去也得去了。他跟随这小伙计到了西头,过街穿巷,抬眼一瞧,怔住了。篱笆墙,栅栏门,几间爬爬屋,大名鼎鼎的李金鳌就住在这破瓦寒窑里?小伙计却截门一声呼:"李二爷!"

应声打屋里猫腰走出一个人来,出屋直起身,吓了小杨月楼一跳。这人足有六尺高,肩膀赛门宽,老脸老皮,胡子拉碴;那件灰布大褂,足够改成个大床单,上边还油了几块。小杨月楼以为找错人家,没想到这人说话嘴上赛扣个罐子,瓮声瓮气地问道:"找我干吗?"口气挺硬,眼神极横,错不了,李金鳌!

进了屋,屋里赛破庙,地上是土,条案上也是土,东西全是东倒西歪;迎面那八仙桌子,四条腿缺了一条,拿砖顶上;桌上的茶壶,破嘴缺把,磕底裂肚,盖上没疙瘩。小杨月楼心想,李金鳌是真穷还是装穷?若是真穷,拿嘛帮助自己?于是心里不抱什么希望了。

李金鳌打量来客,一身春绸裤褂,白丝袜子,黑礼服呢鞋,头戴一顶细辫巴拿马草帽,手拿一柄有字有画的斑竹折扇。他瞄着小杨月楼说:"我在哪儿见过你?"眼神还挺横,不赛对客人,赛对仇人。

戏院小伙计忙作一番介绍,表明来意。李金鳌立即起身,拱拱手说:"我眼拙,杨老板可别在意。您到天津卫来唱戏,是咱天津有耳朵人的福气!哪能叫您受治、委屈!您明儿响后就去'万成当'拉东西去吧!"说得真爽快,好赛天津卫是他家的。这更叫小杨月楼满腹狐疑,以为到这儿来做戏玩。

转天一早,李金鏊来到河北大街的"万成当",进门朝着高高的柜台仰头叫道:"告你们老板去,说我李金鏊拜访他来了!"这一句,不单把柜上的伙计吓跑了,也把典当来的主顾吓跑了。老板慌忙出来,请李金鏊到楼上喝茶,李金鏊理也不理,只说:"我朋友杨老板有几个戏箱押在你这里,没钱赎当,你先叫他搬走,交情记着,咱们往后再说。"说完拨头便走。

当日响后,小杨月楼带着几个人碰运气赛的来到"万成当",进门却见自己的十几个戏箱——大衣箱、二衣箱、三衣箱、盔头箱、旗把箱等,早已摆在柜台外边。小杨月楼大喜过望,竟然叫好喊出声来。这样便取了戏箱,高高兴兴返回上海。

小杨月楼走后,天津卫的锅伙们听说这件事,佩服李金鏊的义气,纷纷来到"万成当",要把小杨月楼欠下的赎当钱补上。老板不肯收,锅伙们把钱截着柜台扔进去就走。多少亦不论,反正多得多。这事又传到李金鏊耳朵里。李金鏊在北大关的天庆馆摆了几桌,将这些代自己还情的弟兄们着实宴请一顿。

谁想到小杨月楼回到上海，不出三个月，寄张银票到天津"万成当"，补还那笔欠款，"万成当"收过锅伙们的钱，哪敢再收双份，老板亲自捧着钱给李金鏊送来了。李金鏊嘛人？不单分文不取，看也没看，叫人把这笔钱分别还给那帮代他付钱的弟兄。至此，钱上边的事清楚了，谁也不欠谁的了。这事本该了结，可是情没结，怎么结？

转年冬天，上海奇冷，黄浦江冰冻三尺，大河盖上盖儿。甭说海上的船开不进江来，江里的船晚走两天便给冻得死死的，比抛锚还稳当。这就断了码头上脚夫们的生路，尤其打天津去扛活的弟兄们，肚子里的东西一天比一天少，快只剩下凉气了。恰巧李金鏊到上海办事，见这情景，正愁没辙，抬眼瞅见小杨月楼主演《芸娘》的海报，拔腿便去找小杨月楼。

赶到大舞台时，小杨月楼正是闭幕卸装时候，听说天津的李金鏊在大门外等候，脸上带着油彩就跑出来。只见台阶下大雪里站着一条高高汉子。他口呼："二哥！"三步并两步跑下台阶。脚底板冰雪一滑，一屁股坐在地上，仰脸对李金鏊还满是欢笑。

小杨月楼在锦江饭店盛宴款待这位心中敬佩的津门恩人。李金鏊说："杨老板，您喂得饱我一个脑袋，喂不饱我黄浦江边的上千个扛活的弟兄。如今大河盖盖儿,弟兄们没饭辙,眼瞅着小命不长。"

小杨月楼慨然说:"我去想办法!"

李金鳌说:"那倒不用。您只要把上海所有名角约到一块儿,义演三天就成!戏票全给我,我叫弟兄们自个儿找主去卖,这么做难为您吗?"

小杨月楼说:"二哥真行,您叫我帮忙,又不叫我费劲。这点事还不好办吗?"第二天就把大上海所有名角,像赵君玉、周信芳、黄玉麟、刘筱衡、王芸芳、刘斌昆、高百岁等,全都约齐,在黄金戏院举行义演。戏票由天津这帮弟兄拿到平日扛活的主家那里去卖。这些主家花钱买几张票,又看戏,又帮忙,落人情,过戏瘾,谁不肯?何况这么多名角同台献艺,还是《龙凤呈祥》、《红鬃烈马》一些热闹好看的大戏,更是千载难逢。一连三天过去,便把冻成冰棍的上千个弟兄全救活了。

李金鳌完事要回天津,临行前,小杨月楼又是设宴送行。酒足饭饱时,小杨月楼叫人拿出一大包银子,外头拿红纸包得四四方方,送给李金鳌。既是盘缠,也有对去年那事谢恩之意。李金鳌一见钱,面孔马上板起来,沉下来的嗓门更显得瓮声瓮气。他说道:"杨老板,我这人,向例只交朋友,不交钱。想想看,您我这段交情,有来有往,打谁手里过过钱?谁又看见过钱?折腾来折腾去,不都是那些情义吗?钱再多也经不住花,可咱们的交情使不完!"说完起身告辞。

小杨月楼叫李金鏊这一席话说得又热又辣,五体流畅。第二天唱《花木兰》,分外地精气神足,嗓门冒光,整场都是满堂彩。

/认 牙/

治牙的华大夫,医术可谓顶天了。您朝他一张嘴,不用说哪个牙疼、哪个牙酸、哪个牙活动,他往里瞅一眼全知道。他能把真牙修理得赛假牙一样漂亮,也能把假牙做得赛真牙一样得用。他哪来的这么大的能耐,费猜!

华大夫人善、正派、规矩,可有个毛病,便是记性差,记不住人,见过就忘,忘得干干净净。您昨天刚去他的诊所瞧虫子牙,今儿在街头碰上,一打招呼,他不认得您了,您恼不恼?要说他眼神差,他从不戴镜子,可为嘛记性这么差?也是费猜!

后来,华大夫出了一件事,把这两个费猜的问题全解开了。

一天下晌,巡捕房来了两位便衣侦探,进门就问,今儿上午有没有一个黑脸汉子到诊所来。长相是络腮胡子,肿眼泡儿,挨着右嘴角一颗大黑痣。华大夫摇摇头说:"记不得了。"

侦探问："您一上午看几号？"

华大夫回答："半天只看六号。"

侦探说："这就奇了！总共一上午才六个人，怎么会记不住？再说这人的长相，就是在大街上扫一眼，保管也会记一年。告明白你吧，这人上个月在估衣街持枪抢了一家首饰店，是通缉的要犯，您不说，难道跟他有瓜葛？"

华大夫平时没脾气，一听这话登时火起，"啪"一拍桌子，拔牙的钳子在桌面上蹦得老高。他说："我华家三代行医，治病救人，从不做违背良心的事。记不得就是记不得！我也明白告诉你们，那祸害人的家伙要给我瞧见，甭你们来找我，我找你们去！"

两位侦探见牙医动怒，龇着白牙，露着牙花，不像装假。他们迟疑片刻，扭身走了。

天冷了的一天，华大夫真的急急慌慌跑到巡捕房来。跑得太急，大褂都裂了。他说那抢首饰店的家伙正在开封道上的"一壶春酒楼"喝酒呢！巡捕闻知马上赶去，居然把这黑脸巨匪捉拿归案了。

侦探说："华大夫，您怎么认出他来的？"

华大夫说："当时我也在'一壶春'吃饭，看见这家伙正跟人喝酒。我先认出他嘴角那颗黑痣，这长相是你们告诉我的，可我还不敢断定就是他，天下不会只有一个嘴角长痣的,万万不能弄错!但等到他咧嘴一笑,露出那颗虎牙,这牙我给他看过,记得,没错!我便赶紧报信来了!"

侦探说:"我还是不明白,怎么一看牙就认出来了呢?"

华大夫哈哈大笑,说:"我是治牙的呀,我不认识人,可认识牙呀!"

侦探听罢,惊奇不已。

这事传出去,人们对他那费猜的事就全明白啦。他记不住人,不是毛病,因为他不记人,只记牙;治牙的,把全部心思都使在牙上,医术还能不高?

/ 绝 盗 /

老城区和租界之间那块地，是天津卫最野的地界。人头极杂，邪事横生。20年代，这里一处临街小屋，来了一对青年男女租房结婚。新床新柜，红壶绿盆，漂漂亮亮装满一屋。大门外两边墙垛子上还贴了一双红喜字。结婚转天一早，小两口就出门做事上班。邻居也不知他们姓甚名谁。

事过三天，小两口去上班不久，忽然打东边飞也似来了一辆拉货的平板三轮。蹬车的是个老头子，骨瘦肉紧，皮黑牙黄，小腿肚子赛两个铁球，一望便知是个长年蹬车的车夫。车板上蹲着两个小子，全是十七八岁，手拿木棍、板斧和麻绳。这爷儿仨面色都凶，看似来捉冤家。

老头子把车直蹬到那新婚小两口的门前，猛一刹车，车上俩小子蹦下来，奔到门前一看，扭头对那老头子说："爹，人不在家，门还锁着呢！"门板上确是挂着一把大洋锁。

老头子登时火冒三丈，眼珠子瞪得全是眼白，脑袋脖子上的青筋直蹦，跳下车大骂起来："这不孝的禽兽，不管爹娘，跑到这儿造他妈官殿来了。小二、小三，给我把门砸开！"

应声，那两个小子抡起板斧，把门锁砸散。门儿大开，一屋子新房的物品全亮在眼前。老头子一看更怒，手指空屋子，又跳又叫，声大吓人：

"好啊，没心没肺的东西！从小疼你抱你喂你宠你，把你这白眼狼养活成人，如今你娘一身病，请大夫吃药没钱，你一个子儿不给，弄个小妖精藏到这儿享福来，你娘快死啦！你享福？我就叫你享福享福享福！小二小三！站着干吗！把屋里东西全给我弄回家去！要敢偏向你们大哥，我就砸折你俩的腿！"

那两个小子七手八脚，把屋里的箱子包袱、被褥衣服抱出来，往车上堆。

邻居们跑出来围观。听这老头子一通骂，才知道那新婚小两口的来历。这种连快死的老娘都不管的白眼狼，自然没人出来管。再说那老头子怒火正旺，人像过年放的火炮，一个劲儿往上蹿，谁拦他，他准和谁玩命！

东西搬得差不多，那俩小子说："爹，大家伙抬不动，怎么办？"

老头子一声惊雷落地:"砸!"

跟手一通乱响,最后玻璃杯子打屋里也扔了出来,这才罢手。老头子依旧怒气难消,吼一句:"明儿见面再说!"便扬长而去。

门儿大敞开没人管,晾了一整天。邻居们远远站着,没人上前,可谁也没离开。等着那小两口回来有戏看。

下晌,新婚的小两口打西边有说有笑地回来。到家门口一看,蒙了。过去问邻居,一直站在那里的邻居反而纷纷散开。有位大爷出来说话,显然他对这不尽孝心的年轻人不满,朝新郎说道:

"早上,你爹和你兄弟们来了,是他们干的。你回你爹妈那儿去看看吧!"

新郎一听,更蒙。忽然禁不住大声叫道:"我哪还有爹呀!我3岁时爹就死了,我娘大前年也死了。只一个姐姐嫁到关外去,哪来的兄弟?"

"嘛?"大爷一惊。可早上的事真切切,一时脑筋没转过来,还是说,"那明明是你爹呀!"

小两口赶紧去局子报案。但案子往下足足查了十年,也没找到他们那个"爹"。

天津卫的盗案千奇百怪,这一桩却数第一。偷盗的居然做了人家的"爹";被盗的损失财物不说,反当了"儿子",而且还叫人哑巴吃黄连——有苦说不出来。若是忍不住跟人说了,招不来同情,反叫人取笑,更倒霉。多损,多辣,多绝——多邪!

/小达子/

小达子其貌不扬，短脖短腿，灰眼灰皮，软绵绵赛块烤山芋；站着赛个影子，走路赛一道烟儿，人说这种人天生是当贼的材料。没错！小达子眼刁手疾，就是你把票子贴在肚皮上，转眼也会到他手里，还保管叫你不知不觉，连肚皮贴票子的感觉也没变。可他最看家的本事，是在电车上。你在车上要是遇到他，千万别往他身上靠，否则你身上有什么，就一准儿没什么。

举个例子说，比方那种穿西服的小子，要是上了电车，保他没跑！因为那种小子好时髦，钱包都掖在西服裤子的屁股后边口袋里，口袋没盖，上边露着钱包窄窄一道边儿。可要想伸手把钱包抻出来，也是妄想。口袋小，钱包鼓，紧绷绷，屁股上的神经不比脸皮的神经差，一动就察觉。小达子却自有招儿。逢到此时，他往车门边的柱子上一倚，等车一停，那小子下车的一刹那，他手比电光还快，刷地过去，用食指和中指的指尖夹住钱包的边儿。下车时人的重心和注意力都向下,于是口袋的钱包不用去押,它自个儿就舒舒服服不知不觉退出来了。话说到这儿,别以为这电车上的天下就是小达子的。

一天,小达子在车上,打白帽衙门那站上来一位中年男子,黑礼服呢的褂子外边亮晶晶晃当着一条纯金的怀表链,还挺粗。小达子待着没动,等车快到梨栈时,他靠上去。这儿的车轨有一截S形。车到这里,必得一晃,他借势往那人身上一靠,表就到他手里,跟手揣入怀中;动作快得连眼珠子也跟不上。等车到梨栈,下车人多,他便挤在人群中,快快下车离开了现场。

他一边走,一边美滋滋琢磨着今天的收获。忽然间发现走在前边的一个人,很像刚才车上那个中年男子。他正犹疑的当口,那人转过身来,果真就是那人;奇怪的是,那人胸口地方亮闪闪,依然晃着那条又粗又亮的表链!难道他还有一块表?小达子不自觉用手一摸自己怀中,吓了一跳,竟然空空如也。他半辈子偷别人,头一遭尝到挨偷后的感觉。更栽跟斗的是,他怎么也琢磨不出这家伙用什么法儿从他身上把表取回去的。这人见他发傻的样子,龇牙一笑,笑里分明带着几分轻贱他的意味,好似说:"你笨手笨脚也想干这个!"然后收起笑来,转身而去。

打这天,小达子不再上电车。

/青云楼主/

青云楼主,海河边一小文人的号。嘛叫小文人?就是在人们嘴边绝对挂不上号,可提起他来差不多还都知道的那类文人。

此君脸窄身薄,皮黄肉干,胳膊大腿又细又长,远瞧赛几根竹竿子上晾着的一张豆皮。但人不可貌相,海水不可斗量。他能写能画,能刻图章,连托裱的事也行;可行家们说他——手糙了点儿。因故,天津卫的买卖没他写的匾,饭庄药铺的墙上不挂他的画。他于书画这行,是又在行里,又在行外。文人落到这步,那股子"怀才不遇"的滋味,是苦是酸,还是又苦又酸,只有他自己知道了。

于是,"青云楼"这斋号就叫他想出来了。他自号青云楼主,还写了一副对子挂在迎面墙壁上,"人在青山里,心卧白云中"。他常常自言自语念这对子。每每念罢,闭目摇肩,真如隐士。然而,天津卫是个凡夫俗子的花花世界,青云楼就在大胡同东口,买东西的和卖东西的挤成个团儿。再说他隔墙就是四季春大酒楼,整天鱼味肉味葱味酱味换着样儿往窗户里边飘。关上窗户?那管屁用!窗玻璃拦得住鱼鲜肉香,却拦不住灯红酒绿。一位邻居对他说:"你这青云楼干脆也改成饭馆算了。这'青云楼'三字听着还挺好听,一叫准响!"

这话当时差点叫他死过去。

乾旋坤转,运气有变。一天,有个好事的小子陈八,带来一位美国人拜访他。这人50多岁,秃头鼓眼大胡子,胡子里头瞧不见嘴。陈八说这老美喜欢中国的老东西,尤其是字画。青云楼主头一回与洋人会面,脑子发乱,手脚也忙,踩凳子挂画时,差点来个人仰马翻。那老美并没注意到他,只管去瞧墙上的画,每瞧一幅,就哇啦哇啦叫一嗓子,好赛洗屁股时叫水烫着了。然后,噘起嘴啧啧赞赏一番。这一噘嘴,就见有一个樱桃样的东西,又湿又红,从他的胡子中间拱出来。青云楼主定神一看,原是这老美的嘴唇。最后他用中文一个字一个字对青云楼主说:"我、太、高、兴、了、谢、谢——我、太、高、兴、了、谢、谢——"他大概只学了这几个字,反反复复地说,直到告辞而去。

青云楼主高兴得要疯。他这辈子,头次叫人这么崇拜。两个月后,他收到一封洋文写的信。他拿到《大公报》的报馆去找懂洋文的朱先生。朱先生一看就笑了,对他说:"你用嘛法子,把人家老美都折腾出神经病来了!他说他回国后天天眼睛里都是你写的字,晚上做梦也是你的字,还说他感到中国的艺术家绝对都是天才!"

青云楼主如上青云,身子发飘,一夜没睡,天亮时,忽来灵感,挥笔给那老美写了"宁静致远"四个大字,亲手裱成横批,送到邮局寄去。邮件里还附一张信纸,提个要求,要人家把字挂在墙上后,无论如何站在这字前面,照张照片寄来。他想,他要拿这照片给人看。给亲友看,给街坊邻居看,给那些小看他的人看,再给买卖家那几个大老板看,给报馆的编辑们看,最后在报上刊登出来。都看吧!瞪圆你们的狗眼看看吧!你们不认我,人家老美认我!

他在青云楼中坐等三个月,直等到有点疑惑甚至有点泄气时,一封外皮上写着洋文的信终于寄来了。他忙撕开,抻出一封信,全是洋文,他不懂,里边并没照片。再看信封,照片竟卡在里边,他捏住照片抻出来一瞧,有点别扭,不大对劲,他再细瞧,竟傻了。那老美倒是站在他那字的前边照了相,可是字儿却挂倒了,全朝下了!

蔡二少爷

蔡家二少爷的能耐特别——卖家产。

蔡家的家产有多大？多厚？没人能说清。反正人家是天津出名的富豪，折腾盐发的家，有钱做官，几代人还全好古玩。庚子事变时，老爷子和太太逃难死在外边。大少爷一直在上海做生意，有家有业。家里的东西就全落在二少爷身上。二少爷没能耐，就卖着吃。打小白脸吃到满脸胡茬，居然还没有"坐吃山空"。人说，蔡家的家产够吃三辈子。

敬古斋的黄老板每听这话，心里暗笑。他多少年专卖蔡家的东西。名人家的东西较比一般人的东西好卖。而黄老板凭他的眼力，看得出二少爷上边几代人都是地道的玩主。不单没假，而且一码是硬邦邦的好东西。到手就能出手。蔡家卖的东西一多半经他的手，所以他知道蔡家的水有多深。十五年前打蔡家出来的东西是珠宝玉器，字画珍玩；十年前成了瓷缸石佛，硬木家具；五年前全是一包一包的旧衣服了。东西虽然不错,却渐渐显出河干见底的样子。这黄老板对蔡二少爷的态度也就一点点的变化。十五年前,他买二少爷的东西,全都是亲自去蔡家府上;十年前,二少爷有东西卖,派人叫他,他一忙就把事扔在脖子后边;五年前,已经变成二少爷胳肢窝里夹着一包旧衣服,自个儿跑到敬古斋来。

这时候,黄老板耷拉着眼皮说:"二少爷,麻烦您把包儿打开吧!"连伙计们也不上来帮把手。黄老板拿个尺子,把包里的衣服一件件挑出来,往旁边一甩,同时嘴里叫个价钱,好赛估衣街上卖布头的。最后结账时,全是伙计的事,黄老板人到后边喝茶抽烟去了。黄老板自以为摸透了蔡家的命脉。可近两年这脉象可有点古怪了。

蔡家二少爷忽然不卖旧衣,反过来又隔三岔五派人叫他到蔡家去。海阔天空地先胡扯半天,扭身从后边柜里取出一件东西给他看。件件都是十分成色的古玩精品。不是康熙五彩的大碟子,就是一把沈石田细笔的扇子。二少爷把东西往桌上一撂那神气,好赛又回到十多年前。黄老板说:"真是瘦死的骆驼比马大,二少爷的箱底简直没有边啦!东西卖了快二十年,还是拿出一件是一件!"蔡二少爷笑笑,只淡淡说一句:"我总不能把祖宗留下来的全卖了,那不成败家子了吗?"可一谈价就难了,每件东西的要价比黄老板心里估计的卖价还高,这在古玩里叫作:脖梗价。就是逼着别人上吊。

像蔡家这种人家卖东西,有两种卖法:一是卖穷,一是卖富。所谓卖穷,就是人家急等着用钱,着急出手,碰上这种人,就赛撞上大运;所谓卖富,就是人家不缺钱花,能卖大价钱才卖。遇到这种人,死活没办法。蔡二少爷一直是卖穷,嘛时候改卖富了?

一天,北京琉璃厂大雅轩的毛老板来到敬古斋。这一京一津两家古玩店,平日常有往来,彼此换货,互找买主,熟得很。

毛老板进门就瞧见古玩架上有件东西很眼熟,走近一看,一个精致的紫檀架上,放着一叠八片羊脂玉板刻的《金刚经》,馆阁体的蝇头小字,讲究至极,还描了真金。他扭脸对黄老板说:"这东西您打哪儿来的?"脸上的表情满是疑惑。

黄老板说:"半个月前新进的,怎么?"

毛老板追问一句:"谁卖您的?"

黄老板眼珠一转,心想你们京城人真不懂规矩。古玩行里,对人家的买主或卖主都不能乱打听。他笑了笑,没搭茬。

毛老板觉出自己问话不当。改口说:"是不是你们天津的蔡二少爷匀给您的？这东西是打我手里买的。"

黄老板怔住。禁不住说："他是卖主呀！怎么还买东西？"

毛老板接过话："我一直以为他是买主，怎么还卖，要不我刚才问你。"

两人大眼对小眼，都发傻。

毛老板忽指着柜上的一个大明成化的青花瓶子说："那瓶子也是我卖给他的！他多少钱给您的？我可是跟白扔一样让给他的。"

毛老板还蒙在鼓里，黄老板心里头已经真相大白。他不能叫毛老板全弄明白。待毛老板走后，他马上对伙计们说：

"记住，蔡二少爷不能再打交道了。这王八蛋卖东西卖出能耐来了，已经成精了！"

大 回

大回姓回,人高马大,手大脚大嘴大耳朵大,人叫他大回。叫惯了大回,反倒没人知道他的名字。

大回是能人,专攻垂钓。手里一根竹竿子,就是钓竿;一个使针敲成的钩,就是鱼钩;一根纳鞋底子用的上了蜡的细线绳,就是鱼线;还有一片鸽子的羽毛拴在线绳上,就是鱼漂。只凭这几样再普通不过的东西,他蹲在坑边,顶多七天,能把坑里几千条鱼钓光了。连鱼秧子也逃不掉。

甭管水里的鱼多杂,他想要哪种鱼就专上哪种鱼;他还能钓完公鱼钓母鱼,一对对地往上钓。他钓的大鱼比他还沉,钓的小鱼比鱼钩还小。

人说钓鱼凭的是运气,他凭的全是能耐。

钓鲫鱼用的红虫子,又小又细,好赛线头,而且只有一层薄皮儿,里边一兜儿血红的水。要想把鱼钩穿进去,那可不易;弄不好钩尖一斜,一股红水出来,单剩下一层皮儿了。可人家大回把红虫子全放在嘴里,在腮帮子那里存着。用的时候,手指捏着鱼钩,张开嘴把钩往里边一挂,保管把那小红虫漂漂亮亮穿在鱼钩上。就这手活,谁会?

他无论钓什么都有绝法,比方钓王八。

钓鱼时钩到王八,都是竿儿弯,线不动,很容易疑惑是钩上了水下边的石块。心里急,一使劲,线断了!大回不急,稳稳绷住。停了会儿,见线一走,认准那是王八在爬,就更不急着提竿。尤其大王八,被鱼钩钩住之后,便用两只前爪子抓住水草。假若用力提竿,竿不折线断。每到这时候,大回便从腰间摸出一个铜环,从鱼竿的底把套进去,穿过鱼竿一松手,铜环便顺着鱼线溜下去。水底下的王八正吃着劲儿,忽见一个锃亮的东西直朝自己的脑袋飞来,不知是嘛,扬起前爪子一挡,这便松开下边的草。嘿,就势把它舒舒服服地提上来!

这招这法,还在哪儿见过?

天津卫人过年有个风俗,便是放生。就是把一条活鲤鱼放到河里去。为的是行善,求好报。放鱼时,要在鱼的背鳍上拴一根红绳,做个记号。倘若第二年把这鱼打上来,就再拴一根红绳。第三年照样还拴一根。据说这种背上拴着三根红绳的鲤鱼,放到河里,可以跳龙门。一切人间的福禄寿财,就全招来了。

可是鲤鱼到处有，拴红绳的鱼无处弄到。鱼要是给鱼钩钩过一次，就变得又灵又贼。拴一根红绳的鲤鱼在鱼市上偶尔还能看见，拴两根红绳的鲤鱼看不见，拴三根红绳的连撒网打鱼的也没瞧见过。你想花大价钱买，他会笑着说："你有本事把河淘干了，我就有本事把它弄上来。"

怎么办？找大回。天津卫八大家都是一进腊月，就跟大回定这种三根红绳的鲤鱼了。

大回站在河边，看好鱼道。鱼道就是鱼在水里常走的路，大回有双神眼，能一眼看到水里。他瞧准鲤鱼常待的地界，把一个面团扔下去。这面团比栗子大，小鱼吃不进嘴，大鱼一口一个。但这面团里边决不下钩，纯粹是扔到河里喂鱼，一天扔一个。开头，那贼乎乎的大鱼冒着危险试着吃，吃没事，第二天再来一个，胆儿便渐渐大起来，最后见了面团张嘴就吞。半个月二十天后，大回心想差不多了，用鱼钩钩个面团扔下去。错不了——一条拴红绳的大鲤鱼就结结实实绷住了。

可是这法子最多只能钓到拴两根红绳的鲤鱼。三根红绳的鲤鱼决不上钩。这三根红绳的鲤鱼已经给钓到三次，就是吃屎也不敢再吃面团了。使嘛法子？就用小孩的屁屁做鱼食！大回不是把鱼琢磨透了？

南门外那些水坑,哪个坑里有嘛鱼,哪个坑里的鱼大小,哪个坑的鱼有多少条,他心里全一清二楚。他能把坑里的鱼全钓绝了,但他也决不把任何一个坑里的鱼钓绝了。钓绝了,他玩嘛?故而,小鱼不钓,等它长大,母鱼不钓,等它涮子。远近钓者都称他"鱼绝后"。这可不是骂他,是夸他。

这外号并不好——

民国三年,夏至后转一天。大回钓一天鱼,人困力乏。多半辈子,整天站在坑边河边,风吹日晒,身子里的油耗得差不多了。他在鼓楼北的聚合成饭庄,吃饱肚子喝足酒,提着一篓子鱼摇摇晃晃回家。走不动就靠墙睡会儿。他家在北城根,这一段路不近,他走走停停直到午夜,迷迷糊糊就趴在大街上了。这时街上走过来一辆拉东西的马车,赶车人在车上睡着了。但就是醒着也瞧不见他——凑巧这段路的几盏街灯给风吹灭了。这真是该活死不了,该死活不了。马车从他身上压过去时,车夫那老家伙睡得太死,居然也没觉出来。转天天亮才叫人发现,大回给车压成一个片儿了,赛张纸似的贴在地面上。奇怪的是,人压瘪了,鱼篓子却没压着,里边的鱼还都活着。等巡警一追查,更奇怪的是,那车上拉的东西,竟然是一车鱼!这事叫人听了一怔一惊,脖子后边冒出凉气来。

有人说，这事坏就坏在他那个外号上了，"鱼绝后"就是叫"鱼"把他"绝后"了。但也有人说，这是上天的报应，他一辈子钓的鱼实在太多了，龙王爷叫他去以命抵命。可事情传到东城里的文人裴文锦——裴五爷那里，人家念书的人说的话就另一个味儿了。人家说：

能人全都死在能耐上。